W0325280

Débutez l'Espagnol en 5 min par jour

HARRAP'S

© Larousse 2021
21, rue du Montparnasse
75283 Paris Cedex 06, France

HARRAP'S® est une marque de LAROUSSE SAS

www.harrap.com

ISBN : 978 2 81 870762 3

Direction du département Dictionnaire, Périscolaire et Beaux livres
Carine Girac-Marinier

Édition
Valérie Katzaros

Rédaction
Dulce Gamonal

Conception graphique
Sophie Rivoire

Mise en page
Isabelle Harnichard

Informatique éditoriale
Sharareh Maljaei, Philippe Cazabet

Fabrication
Rebecca Dubois

Toute représentation ou reproduction intégrale ou partielle, faite sans le consentement de l'éditeur ou de ses ayants droit, ou ayants cause, est illicite (article L.122-4 du Code de la propriété intellectuelle). Cette représentation ou reproduction, par quelque procédé que ce soit, constituerait une contrefaçon sanctionnée par l'article L.335-2 du Code de la propriété intellectuelle.

SOMMAIRE

SOMMAIRE

SOMMAIRE

SOMMAIRE

¡APRENDE ESPAÑOL!

Dire bonjour

« Bonjour » c'est hola. On peut dire aussi ¿qué tal? qui correspond à notre « ça va ? ». On répond tout simplement bien, « bien », ou muy bien, « très bien », parce qu'en réalité hola, ¿qué tal? est davantage une formule de politesse qu'une question. La personne n'attend pas particulièrement qu'on lui raconte sa vie ; il suffit donc de répondre bien ou muy bien.

¡Hablemos!

Alicia – ¡Hola!, ¿qué tal?
Olivier – Muy bien, ¿y tú?
Alicia – Muy bien, gracias.

Le tutoiement est de règle !

Les Espagnols tutoient très facilement. Cela peut surprendre au début. Vous pouvez tutoyer le vendeur dans une boutique ou le serveur dans un café et vos interlocuteurs vous tutoieront aussi. En revanche, lorsqu'on s'adresse à une personne âgée, il vaut mieux, par politesse, s'en tenir au vouvoiement.

Les salutations

En Espagne, on se salue souvent de façon informelle. ¡Hola! s'emploie à tout moment de la journée et est souvent associé à une autre salutation, par exemple : ¡Hola! ¡Buenos días! (littéralement, Salut !, Bonjour !).

Vous pourrez dire aussi :

- le matin : ¡Buenos días!
- l'après-midi et en soirée : ¡Buenas tardes!
- en soirée (après le coucher du soleil !) et avant d'aller vous coucher : ¡Buenas noches!

¡Cuántos acentos!

L'espagnol distingue l'accent tonique et l'accent écrit.

- L'accent tonique indique la syllabe sur laquelle on insiste à l'oral.
- Les mots terminés par une consonne autre que n ou s sont accentués à l'oral sur la dernière syllabe :
la ciudad (la ville) natural (naturel)
- Les mots qui finissent par n, s ou une voyelle sont accentués à l'oral sur l'avant-dernière syllabe :
cantaban (ils chantaient) la crisis (la crise) la casa (la maison)
- Seul l'accent écrit permet de déroger à ces règles :
el café (le café) los jóvenes (les jeunes)

Les noms propres peuvent également porter des accents écrits.
París ; María ; Perú ; Sánchez

Se présenter

Le plus simple, c'est d'utiliser soy, « je suis » : soy Olivier, littéralement « je suis Olivier ».

Pour présenter quelqu'un, on dit te presento a... ou este (si c'est un homme) / esta (si c'est une femme) es...

¡Hablemos!

Olivier – Soy Olivier. ¿Y tú?
Alicia – Soy Alicia. Y esta es Marta.
Olivier – Hola, Marta.

Le verbe ser (« être »)

Ser s'emploie pour définir quelqu'un ou quelque chose.

soy	je suis	somos	nous sommes
eres	tu es	sois	vous êtes
es	il/elle est, vous êtes (vouvoiement singulier)	son	ils/elles sont, vous êtes (vouvoiement pluriel)

Enchanté(e) !

Pour signifier que vous êtes enchanté, il faut dire encantado ou, dans des situations plus formelles mucho gusto. Encantado, avec le o du masculin à la fin, c'est pour un homme. Si on est une femme, il faut dire encantada avec le a du féminin à la fin. De même, « un ami » c'est un amigo et « une amie » c'est una amiga.

¡Hablemos!

Alicia – Hola, soy Alicia, ¿y tú?
Olivier – Soy Olivier. Encantado.
Alicia – Encantada.

Masculin / féminin

La plupart des noms masculins ont une terminaison en -o et la plupart des noms féminins finissent en -a, même s'il y a des exceptions comme un problema, « un problème », et un día, « un jour ». De même, les adjectifs en -o font leur féminin en -a : encantado / encantada, ceux en -or en -ora, encantador / encantadora, « charmant(e) », ceux en -ol en -ola, español / española, ceux en -és en -esa, francés / francesa et ceux en -án en -ana, catalán / catalana. Les autres ont la même forme au masculin et au féminin : grande, « grand(e) ».

Je suis français(e)

Le verbe ser permet aussi de dire de quelle nationalité l'on est et d'où l'on est. Par exemple, on dira soy francés pour « je suis français ». Et, comme nous venons de le voir, un homme dira soy francés, mais une femme dira soy francesa, « je suis française ».

¡Hablemos!

Olivier – Soy francés. ¿Y tú?
Alicia – Soy española.

Les nationalités / Las nacionalidades

- alemán(-ana) ..... allemand(e)
- americano(-a) ..... américain(e)
- argentino(-a) ..... argentin(e)
- belga ..... belge
- brasileño(-a) ..... brésilien(ne)
- canadiense ..... canadien(ne)
- chileno(-a) ..... chilien(ne)
- colombiano(-a) ..... colombien(ne)
- español(a) ..... espagnol(e)
- francés(-esa) ..... français(e)
- inglés(-esa) ..... anglais(e)
- mexicano(-a) ..... mexicain(e)
- peruano(-a) ..... péruvien(ne)
- portugués(-esa) ..... portugais(e)
- suizo(-a) ..... suisse
- uruguayo(-a) ..... uruguayen(ne)

Je suis de Paris

Si l'on vous demande ¿de dónde eres? c'est que l'on veut savoir dans quel pays ou dans quelle ville vous vivez. Dónde veut dire « où » et la question signifie littéralement « d'où es-tu ? ». Vous répondrez : soy de Francia ou soy de París. Comme en français, de signifie « de », mais se prononce toujours « dé ».

¡Hablemos!

Olivier – Soy de París. ¿Y tú, de dónde eres?
Alicia – Soy de Madrid.

Para entenderse...

L'alphabet espagnol comporte 27 lettres. Certaines n'existent pas dans l'alphabet français et d'autres sont prononcées différemment.

c + e / i [la langue entre les dents] : cielo (ciel)
z [la langue entre les dents] : zapatos (chaussures)
ch [tch] : leche (lait)
e [é] : estrella (étoile)
g + e / i [r râclé] : gente (gens)
j [r râclé] : juego (jeu)
ll [l mouillé] : lluvia (pluie)
ñ [gn] : niño (enfant)
r [r roulé] : perro (chien)
s [ss] : casa (maison)
u [ou] : cuadro (tableau)
v [b] : vivir (vivre)

Cette question, vous l'entendrez souvent ! Hablar veut dire « parler ». Hablas signifie « parles-tu ? » et habla, « parlez-vous ? », selon que l'on vous tutoie ou que l'on vous vouvoie.

¡Hablemos!

Alicia	– Olivier, te presento al Sr Álvarez, mi profesor.
Olivier	– Encantado de conocerle.
Sr Álvarez	– Mucho gusto. ¿Hablas español?

Les titres / Los títulos

Sr (señor)	Monsieur
Sra (señora)	Madame
Srta (señorita)	Mademoiselle

Des signes de ponctuation très espagnols !

Vous l'aurez remarqué, en espagnol les phrases interrogatives et les phrases exclamatives commencent respectivement par un point d'interrogation ou un point d'exclamation à l'envers et se terminent, comme en français, par un point d'interrogation ou un point d'exclamation à l'endroit.

Je ne parle pas espagnol

Pour dire que l'on ne parle pas du tout l'espagnol : no hablo español ; pas bien l'espagnol: no hablo muy bien español ; un peu l'espagnol : hablo un poco español.

Si vous voulez dire que vous parlez « un petit peu » l'espagnol, vous direz un poquito. Les Espagnols utilisent beaucoup de diminutifs. Ils se forment de la façon suivante :

- on ajoute -ito/-ita aux mots terminés par o, a ou une consonne (sauf n et r) :
poco (peu) : poquito casa (maison) : casita
árbol (arbre) : arbolito

- on ajoute -cito/-cita aux mots terminés par e, n ou r :
pobre (pauvre) : pobrecito joven (jeune) : jovencito
mujer (femme) : mujercita

Parler comme un Espagnol !

À la différence du français, on n'emploie les pronoms personnels sujets que pour insister sur la personne ou pour préciser le sujet de la phrase.
yo (je), tú (tu), él (il)/ella (elle)/usted (vous : vouvoiement à une personne), nosotros/as (nous), vosotros/as (vous), ellos (ils) /ellas (elles), ustedes (vous : vouvoiement à plusieurs personnes)
Exemple : Canto. Je chante. Yo lo digo. C'est moi qui le dis.

Les métiers

Pour dire quel métier vous exercez, vous utiliserez à nouveau le verbe ser : soy ingeniero, « je suis ingénieur » ou soy ingeniera, « je suis ingénieure ».

¡Hablemos!

Sr Álvarez – Olivier ¿en qué trabajas?
Olivier – Soy profesor de derecho.
Alicia – Y esta es Marie, la hija de Olivier.

Les métiers / Los oficios

- un(a) profesor(a) .... un(e) professeur(e)
- un(a) veterinario(-a) .... un(e) vétérinaire
- un(a) enfermero(-a) .... un(e) infirmier(-ère)
- un(a) dentista .... un(e) dentiste
- un(a) camarero(-a) .... un(e) serveur(-euse)
- un(a) cantante .... un(e) chanteur(-euse)
- un(a) policía .... un(e) policier(-ère)
- un(a) piloto .... un(e) pilote
- un(a) abogado(-a) .... un(e) avocat(e)
- un(a) obrero(-a) .... un(e) ouvrier(-ère)
- un(a) médico(-a) .... un(e) médecin
- un(a) ingeniero(-a) .... un(e) ingénieur(e)
- un(a) actor(-triz) .... un(e) acteur(-trice)
- un(a) arquitecto(-a) .... un(e) architecte
- un(a) artista .... un(e) artiste

Les études

Pour dire ce que l'on fait comme études, on dit : estudio medicina, « j'étudie la médecine » ou « je fais médecine ». Estudiar c'est « étudier ». Si l'on veut spécifier en quelle année du cursus l'on est, on dira : su hija está en tercer año de medicina, « sa fille est en troisième année de médecine » ou su hijo hizo la carrera de medicina en Cádiz, « son fils a fait ses études de médecine à Cadix ».

Les matières / Las asignaturas

- las matemáticas / las mates ..... les mathématiques / les maths
- la literatura ..... la littérature
- la física ..... la physique
- la química ..... la chimie
- la historia ..... l'histoire
- la geografía ..... la géographie
- las ciencias sociales ..... les sciences sociales
- las ciencias naturales ..... les sciences de la vie et de la terre
- la educación física ..... l'éducation physique
- la economía ..... l'économie
- el derecho ..... le droit
- la arquitectura ..... l'architecture
- la medicina ..... la médecine
- el derecho ..... le droit
- la informática ..... l'informatique
- la filosofía ..... la philosophie

La famille

¡Hablemos!

Alicia – Esta es Marie, la hija de Olivier.
Sr Álvarez – Encantado de conocerte, Marie. Este es mi hijo Pablo.

La famille / La familia

- el padre .... le père
- la madre .... la mère
- los padres .... les parents
- el hijo .... le fils
- la hija .... la fille
- los hijos .... les enfants (descendants)
- el hermano .... le frère
- la hermana .... la sœur
- el tío .... l'oncle
- la tía .... la tante
- los sobrinos .... les neveux
- el primo .... le cousin
- la prima .... la cousine
- el abuelo .... le grand-père
- la abuela .... la grand-mère
- los abuelos .... les grands-parents
- el nieto .... le petit-fils
- la nieta .... la petite-fille
- los nietos .... les petits-enfants
- el yerno .... le gendre
- la nuera .... la belle-fille
- los suegros .... les beaux-parents

La possession

Pour indiquer l'appartenance ou la possession, on utilise, les adjectifs mi, tu, su... placés devant le nom. Attention, nuestro et vuestro s'accordent en genre avec le nom qui suit.

mi / mis (mon/ma/mes)	mi tío (mon oncle), mi madre (ma mère), mis hijos (mes enfants)
tu / tus (ton/ta/tes)	tu hijo (ton fils), tu hija (ta fille), tus padres (tes parents)
su / sus (son/sa/ses)	su abuelo (son grand-père), su abuela (sa grand-mère), sus nietos (ses petits-enfants)
nuestro(-a)(s) (notre/nos)	nuestro sobrino (notre neveu), nuestra sobrina (notre nièce), nuestras tías (nos tantes)
vuestro(-a)(s) (votre/vos)	vuestro hermano (votre frère), vuestra hermana (votre sœur), vuestros primos (vos cousins)
su / sus (leur/leurs)	su prima (leur cousine), sus nueras (leurs belles-filles)

Le nom de famille

Les hispanophones portent en général deux noms de famille (apellidos). Traditionnellement, c'était le premier nom de famille du père suivi du premier nom de famille de la mère. Actuellement, l'égalité des sexes permet de choisir l'ordre inverse.

TESTEZ VOS CONNAISSANCES

Cochez la bonne réponse.

1. À quel moment de la journée dit-on ¡Buenas tardes! ?
❑ de l'aube jusqu'à l'heure du déjeuner
❑ de l'heure du déjeuner à la tombée du jour
❑ de la tombée du jour à l'aube

2. Qui, dans cette liste, serait-il malvenu de tutoyer ?
❑ un garçon de café
❑ une dame de 80 ans
❑ une femme enceinte

3. Que veut dire también ?
❑ encore
❑ aussi

4. Que veut dire muy ?
❑ beaucoup
❑ très

5. Que veut dire mucho ?
❑ beaucoup
❑ très

6. Que veut dire y ?
❑ ici
❑ tu
❑ et

TESTEZ VOS CONNAISSANCES

7. Lequel des mots suivants est féminin ?
❑ playa
❑ inglés
❑ perfecto

8. Quel est le pluriel du mot español ?
❑ españols
❑ españolos
❑ españoles

9. Coment diriez-vous « Comment ça va » ?
❑ ¿Cómo vas?
❑ ¿Qué tal?

10. Quel est le contraire de mucho ?
❑ muy
❑ bien
❑ poco

11. Complétez correctement la phrase :
Para beber, agua...........gas.
❑ y
❑ con
❑ por

12. Pour présenter quelqu'un, on dira :
❑ Soy yo.
❑ Te presento a...
❑ Mucho gusto.

TESTEZ VOS CONNAISSANCES

13. Si on vous demande ¿De dónde eres?, que veut-on savoir ?

❑ Quel âge avez-vous.

❑ Quelle heure est-il.

❑ Dans quelle ville ou dans quel pays vous vivez.

14. Que veut dire hablar ?

❑ se promener

❑ parler

❑ avoir soif

15. Comment traduit-on « prénom »?

❑ número ❑ apellido ❑ nombre

16. Et « nom de famille »?

❑ apellido ❑ pariente ❑ nombre de familia

Cochez les mots qui complètent correctement les phrases.

17. Tengo .... hijo y .... hija.

❑ un / una ❑ una / un

18. Pásame .... sal y .... aceite para aliñar .... tomates, por favor.

❑ el / la / las ❑ la / el / los

TESTEZ VOS CONNAISSANCES

19. Últimamente hemos tenido .... problemas.
- ❑ muchos
- ❑ muchas
- ❑ poco

20. En mi empresa hay una mujer .... y un hombre ....
- ❑ alemana / belga
- ❑ italiana / inglesa
- ❑ francés / inglés

21. Tengo un amigo .... y una amiga ....
- ❑ francés / franca
- ❑ francés / francesa

22. ¿Quién es ....?
- ❑ usted
- ❑ ustedes
- ❑ vosotros

23. .... somos venezolanos. ¿Y ....?
- ❑ Ustedes / yo
- ❑ Nosotros / vosotros
- ❑ Ellas / tú

24. No hablo mucho español, solo un ....
- ❑ mucho
- ❑ pobrecito
- ❑ poquito

L'âge

Pour demander son âge à quelqu'un que l'on tutoie, on pose la question ¿cuántos años tienes? ou ¿qué edad tienes? On répond en utilisant le verbe tener qui signifie « avoir » : tengo doce años, « j'ai douze ans ».

¡Hablemos!

Sr Álvarez – ¿Qué edad tienes, Marie?
Marie – Tengo doce años.

Le verbe tener (« avoir »)

Tener exprime la possession au sens propre comme au sens figuré.

Tengo un coche. J'ai une voiture.
Tienes suerte. Tu as de la chance.
Tiene un hijo. Il/Elle a un fils.
Tenemos quince años. Nous avons quinze ans.

Tener peut remplacer haber pour insister sur le fait qu'une action est accomplie.

Ya tenéis mi número. Vous avez déjà mon numéro.
Tienen preparadas las maletas. Leurs valises sont prêtes.

Les nombres

Les nombres cardinaux servent à compter :

- cero (0)
- uno (1)
- dos (2)
- tres (3)
- cuatro (4)
- cinco (5)
- seis (6)
- siete (7)
- ocho (8)
- nueve (9)
- diez (10)
- once (11)
- doce (12)
- trece (13)
- catorce (14)
- quince (15)
- dieciséis (16)
- diecisiete (17)
- dieciocho (18)
- diecinueve (19)
- veinte (20)
- veintiuno (21)
- treinta (30)
- treinta y uno (31)
- cuarenta (40)
- cuarenta y uno (41)
- cincuenta (50)
- sesenta (60)
- setenta (70)
- ochenta (80)
- noventa (90)
- cien/ciento (100)
- doscientos (200)
- quinientos (500)
- mil (1 000)

On emploie la conjonction y (et) uniquement entre les dizaines et les unités : cuarenta y tres.
On utilise les formes contractées pour dieciséis, diecisiete, ainsi que pour toute la série de la vingtaine, veintitrés, veinticuatro, etc.

Décrire quelqu'un

¡Hablemos!

Alicia – ¿Conoces a Pedro?
Olivier – ¿Pedro es el joven bajo y moreno con el pelo rizado?
Alicia – No, ese es Javier. Pedro es rubio y alto.

Attention ! En espagnol, pour parler de la taille d'une personne, on n'utilise pas grande et pequeño mais alto (grand) et bajo (petit). Joven veut dire « jeune » et moreno, « brun », le contraire de rubio, « blond ». Pour dire « cheveux », on utilise un singulier, pelo (au pluriel, pelos, veut dire « poils ») ; pelo rizado signifie « cheveux frisés ».

¿Más o menos?

En espagnol, on exprime la supériorité avec más… que et l'infériorité avec menos… que. Pour l'égalité, on emploie tan… como.
Pedro es más alto que Javier. Pedro est plus grand que Javier.
Javier es menos alto que Pedro. Javier est moins grand que Pedro.
Javier es tan joven como Pedro. Javier est aussi jeune que Pedro.

L'aspect / El aspecto

- joven .... jeune
- viejo(-a) .... vieux, vieille
- mayor .... âgé(e)
- moreno(-a) .... brun(e)
- rubio(-a) .... blond(e)
- castaño .... châtain
- pelirrojo(-a) .... roux, rousse
- calvo(-a) .... chauve
- alto(-a) .... grand(e)
- bajo(-a) .... petit(e)
- delgado(-a) .... mince
- gordo(-a) .... gros(se)
- guapo(-a) .... beau, belle
- feo(-a) .... moche

Le caractère / El carácter

- tímido(-a) .... timide
- alegre .... joyeux (-euse)
- simpático(-a) .... sympathique
- charlatán(-ana) .... bavard(e)
- tranquilo(-a) .... calme
- listo(-a) .... futé(e)
- generoso(-a) .... généreux (-euse)
- egoísta .... égoïste

La maison

¡Hablemos!

Alicia – Olivier, Marie, esta es mi casa.
Olivier – ¡Qué bonita!
Alicia – ¡Gracias!

La maison / La casa

- la casa .... la maison
- el chalé .... le pavillon
- el piso .... l'appartement
- el vecino .... le voisin
- la vecina .... la voisine

Les parties de la maison / Las partes de la casa

- la entrada .... l'entrée
- el salón .... le salon
- el comedor .... la salle à manger
- la cocina .... la cuisine
- el dormitorio/ la habitación .... la chambre
- el cuarto de baño .... la salle de bains
- la planta baja .... le rez-de-chaussée
- el ascensor [Esp.] .... l'ascenseur
- el elevador [Amér.] .... l'ascenseur
- la pared .... le mur
- el suelo .... le sol
- el techo .... le plafond
- el tejado .... le toit
- la escalera .... l'escalier
- la puerta .... la porte

- el pasillo .... le couloir
- la ventana .... la fenêtre
- el balcón .... le balcon
- la terraza .... la terrasse
- el jardín .... le jardin
- el garaje .... le garage

las llaves

Les meubles / Los muebles

- el sofá .... le canapé
- el sillón .... le fauteuil
- la silla .... la chaise
- la mesa .... la table
- el escritorio .... le bureau
- la estantería .... l'étagère
- la cama .... le lit
- el armario .... le placard
- la alfombra .... le tapis
- la lámpara .... la lampe

¿En qué planta vives?

« Étage » c'est planta. On peut aussi utiliser piso qui signifie également « appartement ». Pour dire « premier/deuxième... étage », on emploie, comme en français, les nombres ordinaux.
Vivo en el segundo piso. J'habite au deuxième étage.

1er	primero	5e	quinto	9e	noveno
2e	segundo	6e	sexto	10e	décimo
3e	tercero	7e	séptimo		
4e	cuarto	8e	octavo		

el dormitorio

el comedor

el cuarto de baño

la cocina

la entrada

el salón

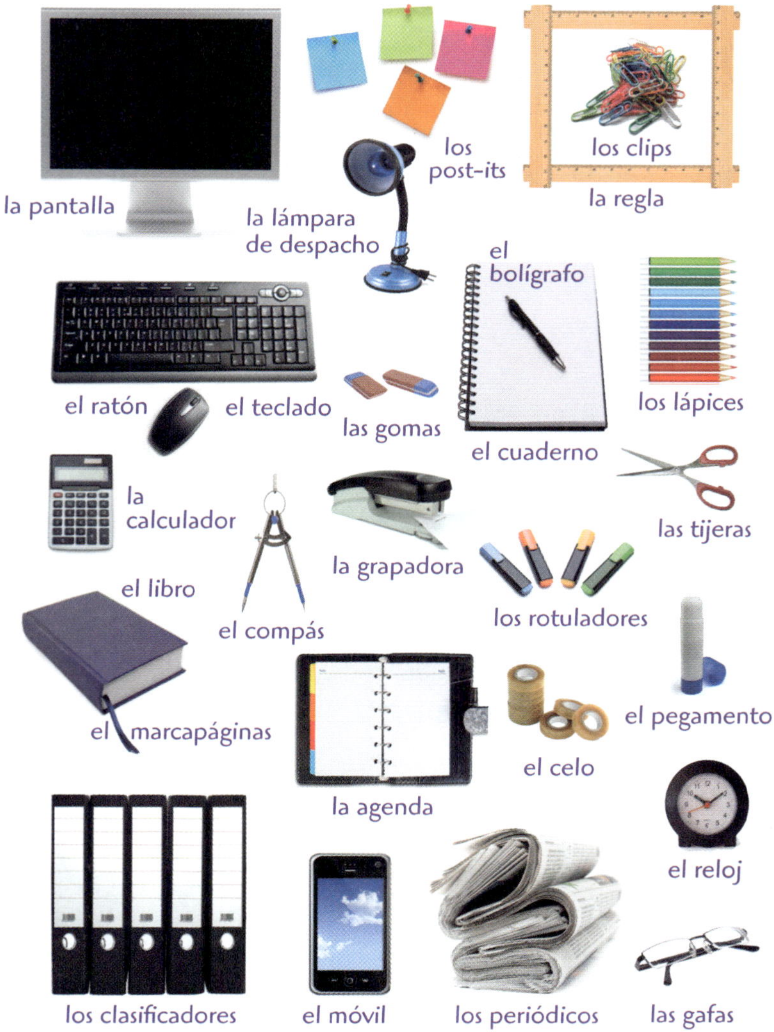
la pantalla
los post-its
los clips
la regla
la lámpara de despacho
el bolígrafo
el ratón
el teclado
las gomas
el cuaderno
los lápices
la calculador
la grapadora
las tijeras
el libro
el compás
los rotuladores
el marcapáginas
la agenda
el celo
el pegamento
el reloj
los clasificadores
el móvil
los periódicos
las gafas

10 LOS ANIMALES

la mariquita
el loro
la mosca
el mosquito
las mariposas
la araña
los periquitos
la abeja
la oca
el pez de colores
los ratones
el cerdo
la rana
el pato
los perros
el cordero
el gato
el gallo
el pollito
la gallina
el hámster
el conejo

el caballo

la oveja

el toro

la vaca y el ternero

el tiburón

el delfín

el zorro

la girafa

el oso

el león

la cebra

el elefante

la serpiente

el chimpancé

el tigre

S'il vous plaît / s'il te plaît

Quand on dit por favor, il faut essayer de prononcer le r « roulé », /rrrr/… En fait, si vous prononcez le « r » à la française, on vous comprendra aussi bien, mais on saura tout de suite d'où vous venez !

Oubliez le « r » français, le problème vient essentiellement de là : la plupart des Français croient qu'il suffit de forcer sur le « r » français pour obtenir un « r » espagnol, alors qu'en fait il s'agit d'un son bien différent.

Pour prononcer un « r » français, on fait vibrer le fond de la bouche, au niveau du palais : /rrr/. Pour prononcer le « r » espagnol, on fait vibrer la langue derrière les dents.

¡Hablemos!

Marta – ¿Quieres un café?
Olivier – Sí, por favor.

Quieres, du verbe querer, veut dire « tu veux » ou «veux-tu».

Merci

Dans la plupart des régions d'Espagne, on prononce gracias avec le son / θ /. En Andalousie et en Amérique latine, on le prononce avec le son /ss/, /grassias/. Pour les francophones, c'est en effet plus facile à prononcer comme ça !

Veux-tu ?

« Veux-tu ? » se dit ¿quieres?, mais on emploie souvent ¿te pongo? qui veut dire mot à mot « je te mets ? ». Azúcar signifie « sucre. »

¡Hablemos!

Marta – ¿Te pongo azúcar?
Olivier – No, gracias.

Que veut dire « muchas gracias » ?

Muchas gracias veut dire « merci beaucoup », littéralement « beaucoup de mercis ». On répond en général de nada, qui signifie « de rien ».

J'aime / Je n'aime pas...

Pour dire que l'on aime quelque chose, il faut employer un verbe particulier : gustar. Il se construit comme le verbe « plaire » en français, toujours précédé d'un pronom personnel, et il s'accorde avec le nom qui suit.

Me gusta este libro. Ce livre me plaît.

Me gustan los helados. J'aime les glaces.

¡Hablemos!

Marta – ¿Te gusta Madrid?
Olivier – Me gusta mucho Madrid.
Marta – ¿Y los españoles también?
Olivier – Los españoles también me gustan mucho.

También veut dire « aussi » et mucho veut dire « beaucoup ». De la même manière qu'on dit Madrid me gusta, « Madrid me plaît », on dira los españoles me gustan, « me plaisent » : los españoles también me gustan mucho, c'est un pluriel.

Pour insister, on emploie souvent deux pronoms compléments avant gustar :

A ti te gusta ir al cine. Tu aimes aller au cinéma.

A vosotros os gustan mucho las series americanas. Vous aimez beaucoup les séries américaines.

Gustar, querer o amar ?

Gustar est réservé aux choses ou aux personnes qui nous plaisent, que l'on aime bien. Lorsque l'on fait référence à l'amour que l'on porte à une personne, on traduit « aimer » par querer ou amar :

Te quiero/amo. Je t'aime.

Quiere mucho a sus hijos. Il/Elle aime beaucoup ses enfants.

Comment dire « Je t'aime » ?

« Je t'aime » se dit te quiero, en espagnol. Eh oui, les Espagnols sont très possessifs, alors lorsqu'ils disent « je t'aime » ils disent en réalité « je te veux », te quiero !

TESTEZ VOS CONNAISSANCES

Cochez la bonne réponse.

1. Quelle expression utiliserez-vous pour remercier ?
❑ gracias
❑ por favor
❑ hasta pronto

2. Comment vous excuser ?
❑ Te quiero.
❑ Lo siento.

3. Comment dites-vous que vous ne comprenez pas ?
❑ No entiendo.
❑ Quiero una caña.

4. Comment dites-vous que quelque chose vous plaît ?
❑ Me gusta mucho.
❑ Lo quiero.

5. Quelle suite de mots est dans le bon ordre ?
❑ Gracias → ❑ De nada → ❑ Por favor
❑ De nada → ❑ Por favor → ❑ Gracias
❑ Por favor → ❑ Gracias → ❑ De nada

6. Une seule de ces phrases est correcte, laquelle ?
❑ Me gusto las tapas.
❑ Me gusta las tapas.
❑ Me gustan las tapas.

TESTEZ VOS CONNAISSANCES

7. Comment dites-vous : « Je veux » ?

- ❑ Quiero.
- ❑ Querio.
- ❑ Te quiero.

8. Que veut dire pelo ?

- ❑ jeune
- ❑ poêle
- ❑ cheveux

9. Que veut dire rizado ?

- ❑ riz
- ❑ frisé

Cochez les mots qui complètent correctement les phrases.

10. Quelle est la forme correcte du verbe tener ?

Yo .... un dolor aquí.

❑ tengo ❑ tienen

¿.................. ustedes reserva?

❑ Tengo ❑ Tienen

Olivier .... 30 años.

❑ tengo ❑ tiene

11. ¿Prefieres carne .... pescado?

❑ o ❑ hay

TESTEZ VOS CONNAISSANCES

12. El fin de semana comemos .... tarde.

❑ más
❑ mucho
❑ tan

13. Tengo tanto dinero .... tú.

❑ que
❑ de
❑ como

14. Juegas al tenis tan mal como ....

❑ yo
❑ mí
❑ me

15. Ana es .... guapa como su madre.

❑ tan
❑ tanto
❑ tanta

16. Julia no es .... soñadora .... su hermano.

❑ tan / como
❑ tanto / de
❑ tanta / que

17. Mi ordenador es .... potente .... el tuyo.

❑ tanto / que
❑ igual / que
❑ tan / como

TESTEZ VOS CONNAISSANCES

18. Este sofá es .... original .... cómodo.
- ❑ tan / como
- ❑ tantos / que
- ❑ tan / que

19. No hay .... publicidad .... antes.
- ❑ igual de / como
- ❑ tanta / como
- ❑ tanto / como

20. A mis amigos y a mí nos .... muchísimo las películas de ciencia ficción.
- ❑ gusta
- ❑ gustan

21. Me gustan mucho ....
- ❑ este pantalón
- ❑ estos pantalones

22. ¡La cuenta, ... favor!
- ❑ por
- ❑ de
- ❑ sin

23. Mi hijo tiene .... años.
- ❑ diez y seis
- ❑ dieciséis
- ❑ seis diez

Les loisirs

¡Hablemos!

Marta – ¿Qué haces en tu tiempo libre?
Marie – Me gusta hacer deporte y escuchar música.
Marta – ¡A mí me encanta bailar!

Hacer deporte c'est « faire du sport », escuchar música, « écouter de la musique ». Me encanta veut dire « j'adore ». Encantar, de même que gustar, se construit comme le verbe « plaire » en français (précédé d'un pronom personnel) et s'accorde avec le nom qui suit.

Le verbe hacer (« faire »)

hago	je fais	hacemos	nous faisons
haces	tu fais	hacéis	vous faites
hace	il/elle fait, vous faites (vouvoiement singulier)	hacen	ils/elles font, vous faites (vouvoiement pluriel)

Se divertir

Se divertir / Entretenerse

- dibujar .... dessiner
- pintar .... peindre
- jugar a videojuegos .... jouer à des jeux vidéo
- tocar música .... jouer de la musique
- jugar al ajedrez .... jouer aux échecs
- jugar a las cartas .... jouer aux cartes
- cantar .... chanter

Faire du sport

Faire du sport / Hacer deporte

- correr .... courir
- saltar .... sauter
- nadar .... nager
- esquiar .... skier
- hacer gimnasia .... faire de la gym
- entrenarse .... s'entraîner

Jugar o tocar ?

En espagnol, on emploie le verbe « jouer » pour des jeux ou des sports, jugar à juegos, mais pas pour jouer d'un instrument, tocar un instrumento.

– ¿Jugamos al tenis? On joue au tennis ?

– No, voy a tocar la guitarra. Non, je vais jouer de la guitare.

el fútbol

el baloncesto

el béisbol

el fútbol americano

el footing

el tenis

el rugby

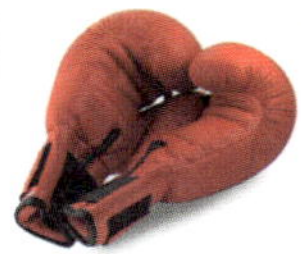

el boxeo

el hockey

la gimnasia

el ping-pong

el submarinismo

el golf

el patinaje en línea

las artes marciales

el ciclismo

el esquí

el surf

el yoga
la música
el cine
el ballet
las cartas
la pintura
el dibujo
la jardinería
la fotografía
chatear con amigos
el bricolaje
shopping
la natación
salir a bailar
viajar
la pesca
leer
la cocina

Être connecté !

¡Hablemos!

Olivier – ¿Tienes wifi en casa?
Alicia – Sí, tengo un router.
Olivier – ¿Me das la clave?

Pour dire « à la maison », on ne dira pas *en la casa* mais en casa, de la même manière que pour dire « je rentre chez moi », on dira vuelvo a casa.

¿Me das la clave? veut dire « tu me donnes le code ? ». Par ailleurs, un « mot de passe » c'est una contraseña.

¡Rapidísimo!

Quand on veut dire « très rapide » en espagnol , on dit muy rápido. Mais on peut aussi le dire en ajoutant le suffixe -ísimo/-ísima à la fin du mot. Ce sont des superlatifs !

– ¡Tu red es muy rápida! Ton réseau est très rapide !
– Sí, rapidísima. Oui, très rapide.

Surfer sur Internet / Navegar por la red

· el ordenador [Esp]	l'ordinateur
· la computadora [Amér.]	l'ordinateur
· el portátil	le portable
· conectarse a Internet	se connecter à Internet
· conectarse/desconectarse	se connecter/se déconnecter
· arroba	arobase (@)
· en línea	en ligne
· el identificador	l'identifiant
· la contraseña	le mot de passe
· descargar/cargar	télécharger/charger
· el correo electrónico, el e-mail	l'e-mail
· ir a ver los mensajes	lire ses e-mails
· enviar/recibir	envoyer/recevoir
· contestar, responder	répondre
· reenviar	faire suivre
· adjuntar un archivo	joindre un fichier
· el buzón de entrada/de salida	la boîte de réception/d'envoi
· cortar/copiar/pegar	couper/copier/coller
· borrar, suprimir	effacer
· imprimir	imprimer
· guardar	sauvegarder
· el disco duro	le disque dur
· la memoria USB, el pendrive	la clé USB
· el programa	le logiciel
· la pantalla / el teclado / el ratón	l'écran/le clavier/la souris
· la impresora	l'imprimante
· el ou la web	le Web
· la página/el sitio web	la page/le site Web
· el wifi	le Wi-Fi

Où est... ?

Dónde veut dire « où », et está veut dire « est », donc pour demander « où est », « où se trouve », on utilise la formule dónde está.

¡Hablemos!

Olivier – ¿Dónde está Aranjuez?
Marta – Está a 40 km de Madrid.

Le verbe estar (« être »)

Estar s'emploie pour situer ou décrire un état.

estoy	je suis	estamos	nous sommes
estás	tu es	estáis	vous êtes
está	il/elle est, vous êtes (vouvoiement singulier)	están	ils/elles sont, vous êtes (vouvoiement pluriel)

Dire « je ne comprends pas »

Pour dire « je ne comprends pas », rien de plus simple, il suffit de dire no comprendo.

Dire « à droite / à gauche »

En espagnol, on ne peut pas vraiment dire « à droite », on dit en fait « à la droite » : a la derecha... Ainsi, « à gauche » c'est a la izquierda. Et, al fondo signifie « au fond ». Arriba veut dire « en haut » et abajo, « en bas ».

¡Hablemos!

Marie – ¿Dónde está el parque?
Marta – Está en la primera calle a la izquierda.

La primera c'est « la première ». Calle veut dire « rue » et s'écrit avec deux « l » (comme le mot paella) prononcés comme le double « l » du mot français « famille ». Donc, la primera calle c'est « la première rue ».

Dire « pouvez-vous répéter ? »

Lorsqu'on veut que la personne à qui l'on parle répète ce qu'elle vient de dire, il suffit de lui demander ¿puedes repetir?, « est-ce que tu peux répéter ? ». Normalement, elle devrait parler plus lentement cette fois...

Combien ça coûte ?

Pour demander combien coûte quelque chose, on peut dire ¿cúanto es? – qui veut dire littéralement « c'est combien ? » (cúanto « combien », es « c'est »). Mais aussi ¿cúanto cuesta? ou ¿cúanto vale?

¡Hablemos!

Olivier – ¿Cuánto cuesta ese libro?
Marta – 15 euros.

Celui-ci ou celui-là ?

Comme en français, les démonstratifs s'emploient pour désigner une personne ou un objet bien précis et les situer dans l'espace ou dans le temps par rapport à la personne qui parle.
Ici (aquí) : este (ce), esta (cette), estos/estas (ces)
Là (ahí) : ese, esa, esos/esas
Là-bas (allí) : aquel, aquella, aquellos/aquellas
Este postre no me gusta. Ce dessert ne me plaît pas.
Esas casas son muy grandes. Ces maisons-là sont très grandes.
Aquel restaurante está cerrado. Le restaurant là-bas est fermé.

Dire « je voudrais un ticket de métro »

Pour dire « je voudrais », en espagnol, on se contente souvent de dire plus directement « je veux » : quiero. Si l'on veut un ticket de métro, il faut ajouter un billete. Pour demander deux tickets, il suffira de dire quiero dos billetes...

Le prix

Le prix c'est el precio.

- el valor .... la valeur
- comprar .... acheter
- pagar .... payer
- el dinero [Esp.] .... l'argent
- la plata [Amér.] .... l'argent
- el cambio .... la monnaie
- caro(-a) .... cher, chère
- barato(-a) .... bon marché

la bolsa

Comment prononcer « euros » ?

En espagnol, on prononce toutes les lettres : le « e » – prononcé « é » en espagnol –, le « u » –prononcé « ou » en espagnol –, le « r » et le « o » : euro. Au pluriel, bien sûr, on prononce le « s » final de euros, ce qui fait qu'un Français aura l'impression d'entendre « éros ».

Quelques « tapas » ?

Queso, c'est « fromage ». Una tortilla, c'est « une omelette », plus précisément « une omelette aux pommes de terre » très compacte. En Espagne, « l'omelette nature » se dit... tortilla francesa !

Pinchos, que l'on prononce *[pintchôs]* sont des tapas servies à l'unité et parfois fixées à une tranche de pain par un cure-dents, un palillo. Les patatas bravas sont des « pommes de terre », patatas, coupées en dés, frites, et servies avec une sauce piquante, et parfois aussi avec de l'aïoli. Jamón, c'est du « jambon ». « Olives » se dit aceitunas mais on peut dire aussi olivas.

El tapeo

El tapeo, véritable institution en Espagne, c'est le fait d'aller manger des tapas. Servies dans tous les bars, elles ressemblent à nos « amuse-gueules », et sont un des piliers de la culture culinaire espagnole. On peut les consommer debout, accoudé au comptoir, ou s'installer à une table pour un repas plus conséquent. On peut commander une ration (tapa), une petite assiette (media ración) ou une grande assiette à partager (ración). La coutume veut qu'on aille de bar en bar... On appelle ça ir de tapas.

¡Hablemos!

Marta – ¿Queréis ir hoy de tapas?
Olivier y Marie – ¡Vale!

Dire « d'accord »

C'est un mot que vous entendrez souvent en Espagne ! Les gens disent souvent vale, vale, mais c'est quoi au juste ? Vale veut dire « OK », « d'accord ». On peut aussi dire de acuerdo, mais la plupart du temps on dit vale, qui se prononce « balé » parce qu'en espagnol il n'y a pas de différence de prononciation entre le « b » et le « v ».

« En vinaigre » ou au vinaigre ?

Tortilla de patatas (omelette aux pommes de terre), boquerones en vinagre (anchois au vinaigre), habas con almejas (fèves aux palourdes)... Voici les prépositions les plus courantes en espagnol avec leurs traductions. Mais attention, leur emploi n'est pas toujours équivalent dans les deux langues ! : a (à), con (avec), de (de), desde (depuis), en (en, dans), hacia (vers), hasta (jusqu'à), para (pour), por (par), sin (sans).

En cubes ou en tranches ?

En espagnol cela se dit ¿en tacos o en lonchas? et concernant le jambon, c'est toujours un sujet de débat pour les Espagnols !

La fameuse jota espagnole

Pour pronconcer la jota, que l'on retrouve par exemple dans le mot jamón, il faut faire comme si on se raclait la gorge...

Tout est bon dans le jambon !

Le jambon est un pilier de la cuisine espagnole. De l'autre côté des Pyrénées, on lui voue un véritable culte ! El jamón serrano (traduisez « jambon de montagne ») est le nom générique qui s'applique à tous les jambons séchés obtenus à partir de porcs à peau blanche. C'est avec la race ibérique (cerdo ibérico), cochon noir laissé en semi-liberté, que l'on produit el jamón ibérico ; lorsque ces porcs sont nourris exclusivement avec des glands de chêne, on parle de jamón de bellota, de loin le meilleur !

¿Y para beber?

Beber c'est « boire ». Para beber, veut donc dire « pour boire ». Lorsqu'au restaurant, on vous demande ¿y para beber?, c'est qu'on souhaite savoir ce que vous voulez boire. Une bière... se dit una cerveza. Mais si l'on veut une pression, ou un demi, il faut demander una caña.

¡Hablemos!

Serveuse – ¿Y para beber?
Olivier – Una horchata.
Serveuse – ¿Algo más?
Olivier – No, gracias.

¿Algo más? veut dire « ça sera tout ? », mot à mot « quelque chose de plus ? ».

La horchata de chufa

La horchata est une boisson sucrée typiquement espagnole. Élaborée à partir des tubercules de souchet (chufa), c'est un lait végétal qui se sert glacé. La horchata est non seulement rafraîchissante, mais aussi très riche !

¿VAMOS A COMER?

los mejillones

los calamares

las croquetas

la ensalada de pimientos

los boquerones en vinagre

el jamón

las habas con almejas

las aceitunas

la paella

la tortilla de patatas

el queso

el chorizo

las patatas bravas

los boquerones fritos

la ensaladilla

las gambas al pil pil

la chistorra

las setas al ajillo

el lomo

los chicharrones

el ajo blanco

el gazpacho

los montados

el pan con tomate

Au restaurant

La cuisine espagnole est très riche, variée et compte de très nombreuses spécialités de toutes les régions… « Restaurant » en espagnol s'écrit pratiquement comme en français, avec juste un « e » en plus à la fin. Mais comme en espagnol on prononce toutes les lettres, il faudra dire « resstaouranté ».

Au restaurant, lorsqu'on vous demande ¿tienen reserva?, on souhaite savoir si vous avez réservé. ¿Es para dos personas?, signifie « c'est pour deux personnes ? ». Enfin, tengo una mesa libre aquí veut dire « j'ai une table de libre ici ».

¡Hablemos!

Serveuse	– Buenas noches, ¿tienen reserva?
Alicia	– No…
Serveuse	– ¿Es para dos personas? Tengo una mesa libre aquí.
Alicia	– Vale, perfecto.

Manger à l'heure espagnole

En Espagne, on déjeune tard, généralement vers 14 h, et le soir on ne dîne pas avant 21 h. En revanche, on peut demander des tapas à n'importe quelle heure de la journée dans les bars.

¡Por favor, la carta!

Carne c'est de la « viande », pollo du « poulet », pescado du « poisson » et ensaladas ce sont des « salades ». Platos combinados désigne des sortes de plats garnis avec des œufs au plat, de la salade, des saucisses… Enfin, postres, ce sont les « desserts ».

¡Hablemos!

Serveuse	– ¿Qué van a tomar?
Alicia	– Quiero una ensalada mixta.
Serveuse	– ¿Y para beber?
Alicia	– Un vino tinto y un agua mineral…
Serveuse	– ¿Pan?
Alicia	– Sí, por favor.

¿Qué van a tomar?

Mixta veut dire « composée », una ensalada mixta, c'est donc une salade composée. Vino tinto veut dire « vin rouge ». Une bouteille d'eau se dit un agua mineral, « une eau minérale ». En Espagne, dans les restaurants, on ne sert pas d'eau du robinet en carafe, on ne sert que de l'eau en bouteille. Pan, c'est du « pain ».

Le dessert

¡Hablemos!

Serveuse ¿Quieren algo de postre?
Alicia Un helado, por favor. ¿Hay fruta?
Serveuse Sí, hay melón.
Alicia Helado y melón, por favor.
Serveuse ¿Café?
Olivier No, gracias.
Serveuse Muy bien.

En Espagne, il faut souvent le demander, car on n'en sert pas systématiquement. « En dessert », de postre, on peut prendre « un flan aux œufs », un flan de huevo, « une part de gâteau », una porción de tarta, ou « un gâteau à la crème », un pastel ; et l'été « une glace », un helado ou « des fruits », fruta. Les Espagnols ont emprunté le mot « mousse » aux Français, mais attention, ils l'utilisent au masculin : el mousse de chocolate. « La chantilly » se dit la nata montada.

¡La cuenta, por favor!

¡Hablemos!

Serveuse ¿Quieren algo más?
Alicia No, gracias. La cuenta, por favor.

« L'addition », c'est la cuenta. Pour la demander, on dit simplement la cuenta, por favor. Faut-il laisser « un pourboire », una propina ? Ce n'est pas obligatoire. Comme en France, on peut laisser un petit pourboire si on a été content du service et de ce que l'on a mangé ou bu, mais on fait comme on le sent...

Comment dire « les toilettes » ?

« Les toilettes » se disent los servicios ou los aseos. Attention, pour demander « où sont les toilettes ? », on ne doit pas dire ¿dónde *está los servicios*? mais ¿dónde están los servicios?, car los servicios c'est un pluriel.

el pulpo
a la gallega

la fabada asturiana

las migas

el bacalao a la
vizcaína

la zarzuela
de mariscos

las albóndigas

el arroz negro

la fideuá

los callos
a la madrileña

la crema catalana

las torrijas

los alfajores

el turrón

los polvorones

el chocolate
con churros

la leche frita

el tocino de cielo

el roscón de reyes

TESTEZ VOS CONNAISSANCES

Cochez la bonne réponse.

1. La lettre ll se prononce comme…

❑ le « ll » du mot français « paella »
❑ le « ll » du mot français « famille »

2. Deux lettres se prononcent de la même façon. Lesquelles ?

❑ le « v » et le « f »
❑ le « b » et le « v »
❑ le « r » et le « j »

3. Que veut dire l'expression ¡Vale! ?

❑ OK ! ❑ S'il vous plaît ! ❑ Salut !

4. Vous commandez una tortilla et dans votre assiette arrive…

❑ une crêpe de maïs
❑ des pommes de terre frites servies avec une sauce piquante
❑ une omelette aux pommes de terre

5. On obtient le son jota…

❑ en chatouillant la glotte
❑ en se bouchant le nez
❑ en se raclant la gorge

6. Pour avoir une omelette « nature », il faut demander una tortilla…

❑ natural ❑ brava ❑ francesa

TESTEZ VOS CONNAISSANCES

7. Las olivas ce sont... « les olives » ! Mais on les appelle aussi...

❑ el queso
❑ las aceitunas
❑ las bravas
❑ las romanas

8. Vous demandez una caña. Que va-t-on vous servir ?

❑ une tapa
❑ une pression
❑ une salade

9. Les Espagnols dînent vers...

❑ 19 heures ❑ 21 heures ❑ minuit

10. Comment dites-vous « la glace » ?

❑ la fruta ❑ el helado ❑ el postre

11. Vite, les toilettes ! Quel panneau rechercherez-vous ?

❑ Correos ❑ Aseos ❑ Estanco

12. Pour demander l'addition, vous dites :

❑ ¡La adición!
❑ ¡La cuenta!
❑ ¡La dolorosa!

TESTEZ VOS CONNAISSANCES

Cochez les mots qui complètent correctement les phrases.

13. .... español, de Madrid, pero ahora .... en Málaga.

❑ Soy / estoy
❑ Estoy / soy

14. .... de Madrid, nací allí.

❑ Soy
❑ Estoy

15. ¡............ cansado, ... aburrido!

❑ Soy / soy
❑ Estoy / estoy

16. Mi hemana ....muy pequeña.

❑ es
❑ está

17. Me parece que este pescado .... malo.

❑ es
❑ está

18. Mi abuelo .... un hombre generoso.

❑ es
❑ está

19. ¿Dónde .... mis gafas?

❑ están
❑ son

TESTEZ VOS CONNAISSANCES

20. .... exactamente las doce en punto.
❑ Son ❑ Están

21. Tengo colesterol, como .... mantequilla.
❑ con ❑ sin

22. ¡............ luego!
❑ Por ❑ Hasta

23. ¿Dónde .... una farmacia?
❑ hasta
❑ hay

24. ¿Veis .... edificio al final de la calle? Pues es allí.
❑ este
❑ ese
❑ aquel

25. ¿Me puede enseñar .... camisa que está fuera en el escaparate?
❑ estas
❑ esa
❑ aquel

26. En .... época del año vienen muchos turistas.
❑ esta
❑ aquellas
❑ ese

Au café

¡Hablemos!

Serveuse – ¿Qué quieren tomar?
Olivier – Quiero un café con leche. ¿Y tú, Marta?
Marta – Un café solo.
Olivier – Un café con leche y un café solo, por favor.

¿Qué quieren tomar? ou ¿qué desean? sont les formules espagnoles qui traduisent « vous désirez » ? Un café crème se dit un café con leche, mot à mot « un café avec du lait ». Un café solo se traduit littéralement « un café seul », c'est-à-dire le classique petit café serré.

Los bares

Les bars et les cafétérias sont très fréquentés en Espagne. C'est le pays avec le plus d'établissements de ce type par habitant au monde ! On y va presque quotidiennement entre amis, avec des collègues ou en famille, pour boire un café, fêter un événement, manger des churros, prendre l'apéro, des tapas...

Un bocadillo, por favor

¡Hablemos!

Olivier – Un bocadillo de jamón, por favor.
Olivier – No, no quiero un bocadillo de jamón. Quiero un bocadillo de queso.

En espagnol, « un sandwich » se dit un bocadillo. Attention, on dit de jamón et non *al jamón*. Un bocadillo de jamón, por favor, c'est donc « un sandwich au jambon ». Mais si l'on change d'avis et qu'on décide finalement de prendre un sandwich au fromage, on devra dire « Non, je ne veux pas un sandwich au jambon. », en utilisant les formules « no, no quiero », « non, je ne veux pas ». Puis on pourra dire « je veux un sandwich au fromage » : quiero un bocadillo de queso.

Comment dire non ?

En espagnol la phrase négative se construit de deux manières :
- no / nada / nadie / nunca / tampoco + verbe
non (ne) / rien / personne / jamais / non plus + verbe
- no + verbe + nada / nadie / nunca / tampoco
non (ne) + verbe + rien/personne/jamais/non plus

L'heure

À la question ¿qué hora es?, « quelle heure est-il ? », on répond par son las (ou es la au singulier), l'équivalent de « il est », directement suivi de l'heure (les articles la et las sous-entendent les mots hora et horas).

¡Hablemos!

Olivier – ¿Qué hora es?
Marie – Son las cinco y diez.
Olivier – ¿Y a qué hora hemos quedado con Alicia?
Marie – A las seis en punto.

Pour indiquer l'heure exacte, on emploie l'expression en punto. Pour préciser les minutes, on utilise tout simplement la conjonction y (et) ou l'adverbe menos (moins).

Avoir un rendez-vous

On emploie le verbe quedar pour dire « avoir un rendez-vous » avec des amis. Autrement, on dit tener cita.
He quedado con mis amigas a las nueve. J'ai rendez-vous avec mes amies à neuf heures.
Tengo cita con el médico a las diez. J'ai rendez-vous chez le médecin à dix heures.

Pour dire « et demie » on utilise y media, « et quart » y cuarto et « moins le quart » menos cuarto.

Es la una menos cuarto. Il est une heure moins le quart.

Pour dire qu'il est « midi » ou « minuit », on dit son las doce et on précise de la mañana/del mediodía ou de la noche.

La journée

Mediodía, « midi », n'est pas une heure précise pour les Espagnols mais un moment de la journée, celui de l'heure du déjeuner (de 13 h à 15 h environ.).
Pour dire l'heure, on emploie les nombres de 1 à 12, sauf lorsqu'on indique des horaires (de train, de bus, d'émissions de télévision, etc.), où l'on utilise les nombres de 1 à 24, principalement à l'écrit. Si le contexte ne permet pas de le définir, on précise le moment de la journée : de la mañana, « du matin », de la tarde, « de l'après-midi ».

La division du temps

- el segundo .... la seconde
- el minuto .... la minute
- el cuarto de hora .... le quart d'heure
- la media hora .... la demi-heure
- la hora .... l'heure
- la mañana .... le matin
- la noche .... la nuit
- temprano .... tôt
- tarde .... tard

¿QUÉ HORA ES?

cinq heures	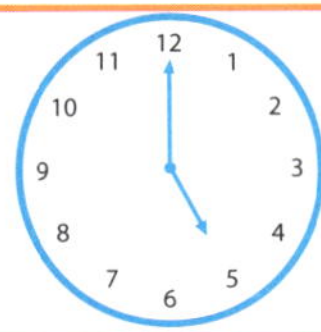	las cinco
sept heures cinq	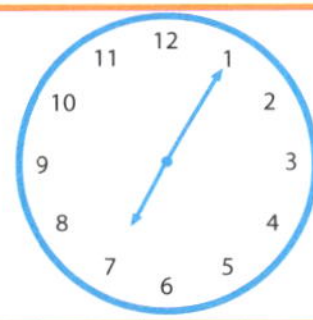	las siete y cinco
huit heures dix	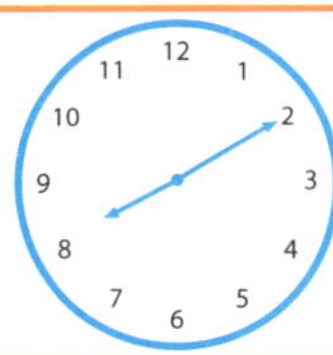	las ocho y diez
huit heures trente cinq		las nueve menos veinticinco
neuf heures et quart/ neuf heures quinze	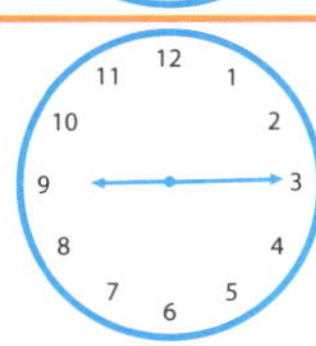	las nueve y cuarto
onze heures et demie	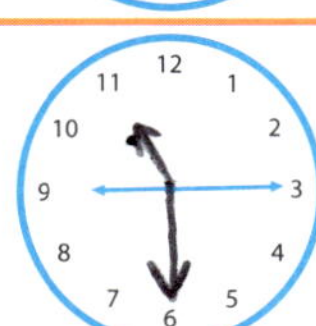	las once y media

midi	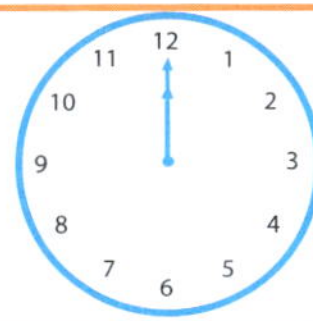	las doce (del mediodía)
midi et demi	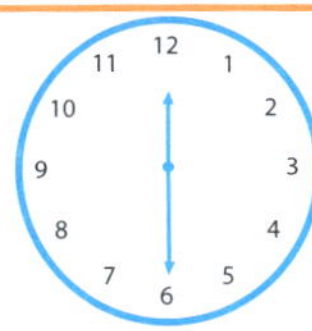	las doce y media
minuit		las doce (de la noche)
treize heures / une heure (du matin)	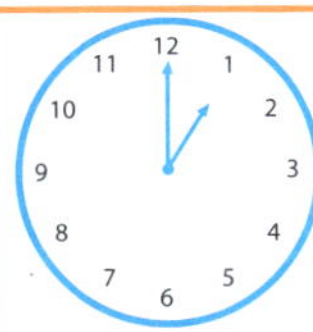	la una de la tarde/ la una de la mañana
deux heures /quatorze heures	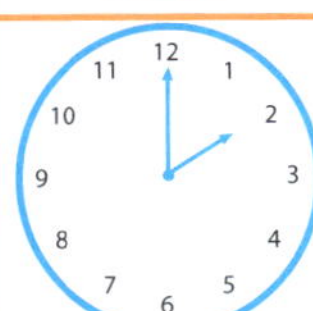	las dos (de la tarde)
quatre heures moins le quart/ quinze heures quarante-cinq	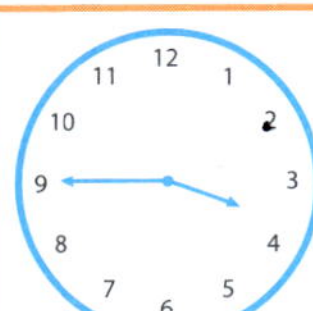	las cuatro menos cuarto

Dire la date

En espagnol, on donne la date en ajoutant la préposition de entre le chiffre correspondant au jour et le mois ainsi qu'entre le mois et l'année :

10/4/21 = 10 (diez) de abril de 2021 (dos mil veintiuno)

¿Cuál es la fecha de hoy?

Quelle est la date d'aujourd'hui ?

¿A cuántos estamos hoy?

Nous sommes le combien ?

¿Qué día es hoy?

Quel jour sommes-nous ?

¿A qué día estamos hoy?

Quel jour sommes-nous ?

Estamos a jueves 22 (veintidós) de septiembre. /
Es jueves 22 (veintidós) de septiembre.

Nous sommes le jeudi 22 septembre.

Pour dire la date, il faut retenir les jours de la semaine, les mois et les nombres jusqu'à 31 !

Les jours de la semaine

Los días de la semana

- lunes .... lundi
- martes .... mardi
- miércoles .... mercredi
- jueves .... jeudi
- viernes .... vendredi
- sábado .... samedi
- domingo .... dimanche
- el fin de semana .... le week-end

Les mois de l'année

Los meses del año

- enero .... janvier
- febrero .... février
- marzo .... mars
- abril .... avril
- mayo .... mai
- junio .... juin
- julio .... juillet
- agosto .... août
- septiembre .... septembre
- octubre .... octobre
- noviembre .... novembre
- diciembre .... décembre

el verano

¿QUÉ DÍA ES HOY?

1 uno/primero	11 once	21 veintiuno
2 dos	12 doce	22 veintidós
3 tres	13 trece	23 veintitrés
4 cuatro	14 catorce	24 veinticuatro
5 cinco	15 quince	25 veinticinco
6 seis	16 dieciséis	26 veintiséis
7 siete	17 diecisiete	27 veintisiete
8 ocho	18 dieciocho	28 veintiocho
9 nueve	19 diecinueve	29 veintinueve
10 diez	20 veinte	30 treinta
		31 treinta y uno

16 de diciembre de 2018	16/12/18	diesicéis de diciembre de dos mil dieciocho
mil cuatrocientos noventa y dos	1492	mille quatre cent quatre-vingt douze
dos mil veintiuno	2021	deux mille vingt et un

La division du temps

- hoy .... aujourd'hui
- mañana .... demain
- ayer .... hier
- pasado mañana .... après-demain
- anteayer .... avant-hier
- el día siguiente .... le lendemain
- el día anterior .... la veille
- esta mañana .... ce matin
- esta tarde .... cet après-midi
- esta noche .... ce soir / cette nuit
- mañana por la tarde .... demain après-midi
- ayer por la tarde .... hier après-midi
- ayer por la noche .... hier soir
- pasado mañana por la mañana .... après-demain matin
- ¿cuando? .... quand ?
- ¿a qué hora? .... à quelle heure ?
- la semana pasada .... la semaine dernière
- el mes pasado .... le mois dernier
- hace un mes .... il y a un mois
- el año pasado .... l'année dernière
- hace tres años .... il y a trois ans / cela fait trois ans
- dentro de cinco días .... dans cinq jours
- después de las vacaciones .... après les vacances
  durante su estancia .... pendant son séjour
- desde que nació .... depuis qu'il/elle est né(e)
- desde el martes .... depuis mardi
- al cabo de una semana .... au bout d'une semaine
- hoy en día .... aujourd'hui, de nos jours

Ir de tiendas c'est faire du shopping. Tienda veut dire « magasin ». « Je cherche » c'est busco.

Le verbe ir (« aller»)

Ir est un verbe irrégulier qu'il convient d'apprendre par cœur.

voy	je vais	vamos	nous allons
vas	tu vas	vais	vous allez
va	il/elle va, vous allez (vouvoiement singulier)	van	ils/elles vont, vous allez (vouvoiement pluriel)

¡Hablemos!

Olivier – ¿Cuánto cuesta esta camisa?
Vendeur – Cuarenta euros.
Olivier – ¡Qué cara!

¿Cuánto cuesta?

Pour demander « combien coûte cette chemise », on dit ¿cuánto cuesta esta camisa? Cuánto cuesta, signifiant « combien coûte », esta « cette » et camisa « chemise ». Si la réponse est cien euros, c'est qu'elle coûte cent euros. « Cher » se dit caro. Le contraire, c'est barato, « bon marché ».

Attention aux accords

Pour dire « cette chemise n'est pas bon marché », il faut accorder l'adjectif au nom chemise, qui est féminin. On dira ainsi : esta camisa no es barata, es cara, parce que camisa est féminin.

Problèmes de tailles

Una talla, c'est « une taille ». Et tiene veut dire « vous avez ». Más veut dire « plus », grande, « grand » et pequeño « petit » ! Donc pour demander une taille plus grande/petite, on devra dire : ¿Tiene una talla más grande/pequeña? Par ailleurs, « moins » se dit menos. Ainsi, pour demander, par exemple, « avez-vous une chemise moins chère ? », il faudra dire : ¿Tiene una camisa... menos cara? Ce qui revient au même d'ailleurs que de dire más barata.

¿Paga en efectivo o con tarjeta?

Une fois arrivé à la caisse, la question du mode de paiement va se poser. On va ainsi vous demander ¿paga en efectivo o con tarjeta? Paga vient du verbe pagar, « payer », et veut dire « vous payez », en efectivo, « en liquide », o con tarjeta, « ou par carte ».

El DNI, por favor

Si la personne à la caisse vous demande : El DNI por favor, c'est qu'elle veut voir une pièce d'identité, DNI étant l'abréviation de « document national d'identité », Documento Nacional de Identidad.

Una firma aquí, por favor

Pour finir, la personne à la caisse vous demandera de signer le reçu – « une signature » c'est una firma. Aquí, c'est « ici ».

Les magasins

- la tienda .... le magasin, la boutique
- la zapatería .... le magasin de chaussures
- la tienda de ropa .... le magasin de vêtements
- la joyería .... la bijouterie
- la perfumería .... la parfumerie
- la librería .... la librairie
- el probador .... la cabine d'essayage
- probar .... essayer
- los escaparates .... les vitrines
- las rebajas .... les soldes
- el maniquí .... le mannequin
- los accesorios .... les accessoires
- la lencería .... la lingerie

naranja
blanco
marrón
verde
azul
rosa
rojo
gris
morado
negro
celeste
amarillo

IR DE TIENDAS

el sombrero

el gorro de lana

la gorra

los guantes

el cinturón

el monedero
biletera

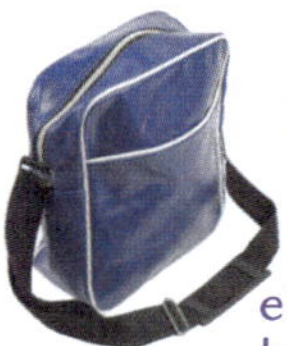
el bolso de bandolera

la riñonera

las gafas de sol
lentes

el paraguas

la cartera

la mochila

el bolso de mano

el albornoz
bata de baño

la maleta

la bufanda

el perfume

la pinza de pelo

el reloj

las toallas

los elásticos para el pelo

el fular

la pulsera

el collar

los pendientes

los anillos

Au supermarché

¡Hablemos!

Alicia – Quiero un kilo de tomates y uno de patatas.
Vendeur – Aquí tiene. ¿Algo más?
Alicia – Olivier, ¿quieres algo?
Olivier – Me gustaría comprar fresas.

Aquí tiene veut dire « voici ». Algo c'est « quelque chose », donc ¿algo más? veut dire « vous désirez autre chose ? ». Comprar c'est « acheter».

Peu, beaucoup ou trop ?

Comme en français, les indéfinis espagnols expriment l'identité, la quantité ou l'intensité de manière imprécise :
¿Quieren algo? Voulez-vous quelque chose ?
No queremos nada. Nous ne voulons rien.
¿Hay alguien? Y a-t-il quelqu'un ?
No hay nadie. Il n'y a personne.
Lorsqu'ils sont adjectifs, mucho (beaucoup), poco (peu), demasiado (trop), alguno (quelque), ninguno (aucun), cierto (certain), todo (tout) et otro (autre) s'accordent en genre et/ou en nombre.
Hay muchas verduras. Il y a beaucoup de légumes.

- la carnicería .... la boucherie
- la pescadería .... la poissonnerie
- la frutería y verdulería .... le marchand de fruits et légumes
- la panadería .... la boulangerie
- la pastelería .... la pâtisserie
- la tienda .... le magasin, la boutique
- el centro comercial .... les centres commerciaux
- los grandes almacenes .... les grands magasins
- abierto(a) ≠ cerrado(a) .... ouvert ≠ fermé
- el (la) cliente(a) .... le (la) client(e)
- el (la) dependiente(a) .... le (la) vendeur(euse)
- el (la) cajero(a) .... le (la) caissier(ère)
- la caja .... la caisse
- el mostrador .... le comptoir
- la sección .... le rayon *(d'un magasin)*
- las escaleras mecánicas .... l'Escalator®
- la calderilla .... la petite monnaie
- la vuelta .... la monnaie *(que l'on rend)*
- el peso .... le peso
- el céntimo .... le centime
- el ticket de caja .... le ticket de caisse, le reçu
- la tarjeta de fidelidad .... la carte de fidélité
- el mercado .... le marché
- el supermercado .... le supermarché
- el capazo .... le cabas
- la cesta .... le panier
- el carrito de la compra .... le chariot, le Caddie®

la col
las cebollas
el ajo
las zanahorias
el champiñón
los guisantes
el maíz
los pimientos
los kiwis
los tomates
los higos
las ciruelas
(= pruneau)
los albaricoques
las patatas
las frambuesas
las cerezas
la piña
el melocotón
la uva
las peras
la sandía
las naranjas
los plátanos
las fresas
los limones
las manzanas

Vamos al Rastro

En Espagne, il y a un grand nombre de mercados, des marchés couverts ou en extérieur, sur les places et dans les rues. Quand ils vendent de tout, ils s'appellent couramment mercadillos, littéralement « petits marchés ». Le plus grand est le marché aux puces de Madrid, el Rastro.

¡Hablemos!

Alicia – ¿Queréis dar una vuelta por el Rastro?
Marie – ¡¡Sííí!!
Olivier – Sí, me gustaría ver cosas de segunda mano.
Alicia – Y allí puedes regatear. ¡Vamos!

« Faire un tour » se dit dar una vuelta. Me gustaría, c'est « j'aimerais » (au conditionnel, c'est plus poli !). Et cosas de segunda mano veut dire « articles d'occasion », mot à mot : « choses de seconde main ». Aux puces, on peut regatear, « marchander ». Et pour dire « Allons-y !», c'est ¡Vamos!

¿Dónde hay una parada de autobús?

¡Hablemos!

Olivier – ¿Dónde hay una parada de autobús?
Passante – La primera calle a la derecha. El autobús número cuatro.
Olivier – ¿Puedes repetir, por favor?
Passante – Sí, la primera calle a la derecha. El autobús número cuatro.

Una parada c'est « un arrêt » et « bus » se dit autobús, « un arrêt de bus » se dit donc una parada de autobús. ¿Dónde? signifiant « où » et hay « il y a » : ¿dónde hay...? signifie donc « où y a-t-il ». Pour demander « Où est-ce qu'il y a un arrêt de bus ? », on dira ¿Dónde hay una parada de autobús? La primera calle a la derecha signifie « la première rue à droite » et el autobús número cuatro veut dire « le bus numéro quatre ».

Comment demander s'il y a un distributeur dans le coin ?

« Un distributeur » se disant un cajero, on pourra demander : Perdón... ¿Dónde hay un cajero, por favor?

Quiero un billete // ticket

¡Hablemos!

Olivier – Quiero un billete.
Conductrice – Aquí tiene.
Olivier – ¿Cúanto es?
Conductrice – Un euro cincuenta.
Olivier – ¿Cúantas paradas hay hasta el museo del Prado?
Conductrice – Hay once paradas.

« Combien de » se dit cuántos s'il est suivi d'un mot au masculin, ou cuántas s'il est suivi d'un mot au féminin. ¿Cúantas paradas hay hasta el museo del Prado? signifie donc « combien d'arrêts y a-t-il jusqu'au musée du Prado ? », sachant que le mot parada veut dire « arrêt », que « jusque » se dit hasta et que hay signifie « il y a ».

Au musée

Comment dire « un billet d'entrée » ?

Attention, un billet d'entrée pour un musée ou un spectacle ne se dit pas billete mais entrada, qui veut dire « entrée ».

La ville / la ciudad

- el pueblo .... le village
- el centro .... le centre(-ville)
- el barrio .... le quartier
- las afueras .... la banlieue
- la plaza .... la place
- la fuente .... la fontaine
- la farola .... le lampadaire
- la calle .... la rue
- la avenida .... l'avenue
- la acera .... le trottoir
- el cruce .... le carrefour
- el semáforo .... le feu (de signalisation)
- el paso de cebra/de peatones .... le passage pour piétons
- la glorieta, la rotonda .... le rond-point
- el carril bici .... la piste cyclable
- el edificio, el bloque .... l'immeuble
- el ayuntamiento .... la mairie
- la estación del tren/de autobuses ... la gare ferroviaire/routière
- el aparcamiento .... le parking
- la comisaría .... le commissariat
- la oficina de turismo .... l'office de tourisme
- el museo .... le musée
- el teatro .... le théâtre
- el bar, la cafetería .... le café
- la iglesia .... l'église
- la catedral .... la cathédrale
- la mezquita .... la mosquée
- la sinagoga .... la synagogue

¿Podría decirme...?

¿Podría decirme por dónde se va a...?
Pourriez-vous m'indiquer comment aller à... ?

Quiero ir a... Je voudrais aller à...

¿Voy bien por aquí para ir a...?
Est-ce bien la direction de... ?

Perdone, estoy buscando... Excusez-moi, je cherche...

¿Dónde está en el plano? Où est-ce sur le plan ?

¿Está/Queda lejos? Est-ce loin ?

Se puede ir andando? Peut-on y aller à pied ?

¿Este autobús va a la catedral?
Ce bus va-t-il à la cathédrale ?

¿En qué estación me tengo que bajar?
À quel station dois-je descendre?

¿Está abierto al público? C'est ouvert au public ?

¿Hay una visita guiada? Y a-t-il une visite guidée ?

¿Cuáles son los horarios de apertura?
Quels sont les horaires d'ouverture ?

¿A qué hora abren/cierran...?
À quelle heure ouvrent/ferment... ?

TESTEZ VOS CONNAISSANCES

Cochez la bonne réponse.

1. **Traduisez correctement : ¿Qué dices? No te entiendo bien.**
Qu'est-ce que tu dis? Je ne .... pas bien.

❏ t'entends
❏ te comprends

2. **Que veut dire bocadillo ?**
❏ petite bouche
❏ sandwich
❏ biscuit

3. **Comment dit-on «J'ai soif » ?**
❏ Tengo sed.
❏ Tenéis sed.
❏ Hay sed.

4. **Comment dit-on « minuit » ?**
❏ mediodía
❏ media tarde
❏ medianoche

5. **Cochez les phrases correctes.**
❏ Son las seis y veinte.
❏ Es las diez y cuarto.
❏ Son la una en punto.
❏ Es la una y media.

TESTEZ VOS CONNAISSANCES

6. Quelle est la traduction de « hier » ?
- ❑ hoy
- ❑ antes
- ❑ ayer

7. Quelle est la traduction de « aujourd'hui » ?
- ❑ hoy
- ❑ mañana
- ❑ ahora

8. Comment dit-on « demain » ?
- ❑ mañana
- ❑ ayer
- ❑ después

9. Que veut dire falda ?
- ❑ chemise
- ❑ robe
- ❑ jupe

10. Que veut dire zapato ?
- ❑ chaussure
- ❑ botte
- ❑ chaussette

11. Que veut dire camiseta ?
- ❑ tee-shirt
- ❑ chemise
- ❑ gilet

TESTEZ VOS CONNAISSANCES

12. Reliez chaque couleur avec sa traduction.

azul •	• orange
verde •	• noir
violeta •	• rouge
blanco •	• bleu
naranja •	• vert
negro •	• rose
amarillo •	• violet
rojo •	• blanc
rosa •	• jaune

13. Que veut dire DNI ?

❏ Documento Normal de Identificación
❏ Documento Nacional de Identidad
❏ Documento de Nacionalidad Internacional

14. Comment dit-on « signer » ?

❏ señar ❏ señalar ❏ firmar

15. Comment dit-on « une boutique » ?

❏ unos grandes almacenes
❏ una tienda
❏ una botica

16. Comment appelle-t-on « un distributeur de billets » ?

❏ un distribuidor ❏ un billetero ❏ un cajero

TESTEZ VOS CONNAISSANCES

17. Reliez les noms des magasins aux produits qu'on y trouve.

una panadería •	• flores y plantas
una pescadería •	• frutas y verduras
una floristería •	• medicamentos y productos de higiene
una carnicería •	• pan y dulces
una farmacia •	• carne y embutidos
una frutería y verdulería •	• pescado y mariscos

18. Comment doit-on demander un billet d'entrée pour un musée ?

❑ Un billete de entrada, por favor.
❑ Una entrada, por favor.
❑ Un billete para entrar, por favor.

19. Comment dirait-on « Combien d'arrêts il y a jusqu'au parc ? » ?

❑ ¿Cuántas de paradas hay hasta el parque?
❑ ¿Cuántas paradas hay hasta el parque?

20. Que veut dire bajar ?

❑ valoir ❑ supporter ❑ descendre

21. Que veut dire subir ?

❑ monter ❑ descendre ❑ supporter

22. Que veut dire buscar ?

❑ chercher ❑ trouver

La météo

- el tiempo .... le temps
- las previsiones meteorológicas .... les prévisions météo
- la temperatura .... la température
- (muy) caluroso(-a)/frío(-a) .... (très) chaud(e)/froid(e)
- bueno(-a) .... doux, douce
- seco(-a) ≠ húmedo(-a) .... sec, sèche ≠ humide
- cambiante, variable .... variable

Le froid / El frío

- nevar .... neiger
- la nieve .... la neige
- la nevada .... la chute de neige
- el hielo .... la glace, le verglas
- la helada .... la gelée, le gel

La chaleur / El calor

- el sol .... le soleil
- soleado(-a) .... ensoleillé(e)
- la ola de calor .... la vague de chaleur
- bochornoso(-a) .... lourd(e)

Le vent / El viento

- la brisa .... la brise
- la ráfaga (de viento) .... le coup de vent, la rafale
- el huracán .... l'ouragan
- el tornado .... la tornade

La pluie / La lluvia

- la nube .... le nuage
- nublado(-a), nuboso(-a) .... nuageux(-euse)
- lluvioso(-a) .... pluvieux(-euse)
- la llovizna .... la bruine, le crachin
- el chubasco .... l'averse
- el aguacero .... l'averse
- el claro .... l'éclaircie
- el granizo .... la grêle
- la tormenta .... l'orage
- la niebla, la neblina .... le brouillard
- el trueno .... le tonnerre
- el relámpago .... la foudre
- el arcoíris .... l'arc-en-ciel

el sol

El clima español

Le climat en Espagne est très varié selon les régions. De manière générale, il est assez humide et tempéré dans le nord. Dans le plateau central, le temps est sec et froid l'hiver, et très chaud l'été. Sur la côte méditerranéenne, à l'est et au sud, il fait plus doux en hiver et assez chaud l'été.

Chez le médecin

¡Hablemos!

Médecin – ¿Qué le duele?
Olivier – Me duele la cabeza y la garganta.
Médecin – ¿Tiene fiebre?
Olivier – Sí, un poco.

¿Qué le duele? veut dire « où avez-vous mal ?». Le verbe doler se construit comme gustar (le verbe « plaire » en français). Il s'accorde avec le nom qui suit et il est toujours précédé d'un pronom personnel.

me duele(n)... j'ai mal à/aux...	nos duele(n)... nous avons mal à/aux...
te duele(n)... tu as mal à/aux...	os duele(n)... vous avez mal à/aux...
le duele(n)... il a mal à/aux...	les duele(n)... ils ont mal à/aux...

¿Dónde hay una farmacia, por favor?

« Où est-ce qu'il y a une pharmacie ? » se traduit ¿dónde hay una farmacia? Si on vous répond hay una muy cerca, cela veut dire « il y en a une tout près » car cerca veut dire « près », le contraire de lejos, « loin ».

- el dolor .... la douleur
- el medicamento, la medicina .... le médicament
- la píldora .... la pilule
- la vacuna .... le vaccin
- la pomada .... la pommade
- las gotas .... les gouttes
- el resfriado, el catarro .... le rhume
- estornudar .... éternuer
- la tos/toser .... la toux/tousser
- la fiebre .... la fièvre
- la gripe .... la grippe
- el dolor de cabeza/de muelas .... le mal de tête/de dents
- la alergia .... l'allergie
- la náusea .... la nausée
- la diarrea .... la diarrhée

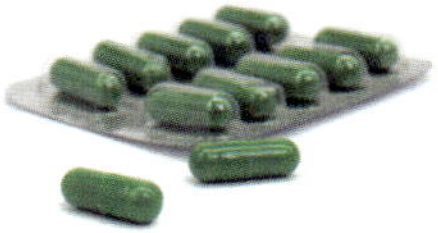

las pastillas

No me encuentro muy bien. Je ne me sens pas très bien.

Estoy resfriado(a) y tengo fiebre.
J'ai un rhume et j'ai de la fièvre.

Me he hecho daño en la rodilla.
Je me suis fait mal au genou.

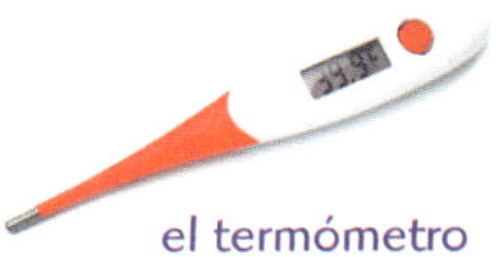

el termómetro

Necesito aspirinas/tiritas.
Il me faudrait de l'aspirine/des pansements adhésifs.

Soy alérgico(a) al paracetamol.
Je suis allergique au paracétamol.

Le corps humain

El cuerpo

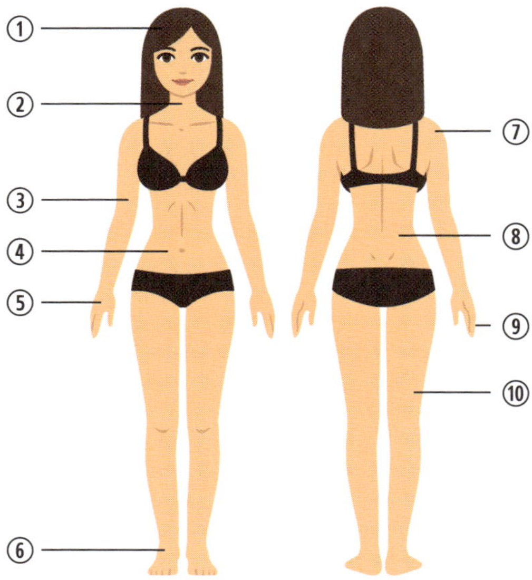

① la cabeza	la tête	⑥ el pie	le pied
② el cuello	le cou	⑦ el hombro	l'épaule
③ el brazo	le bras	⑧ la espalda	le dos
④ la barriga	le ventre	⑨ el dedo	le doigt
⑤ la mano	la main	⑩ la pierna	la jambe

Le visage

La cara

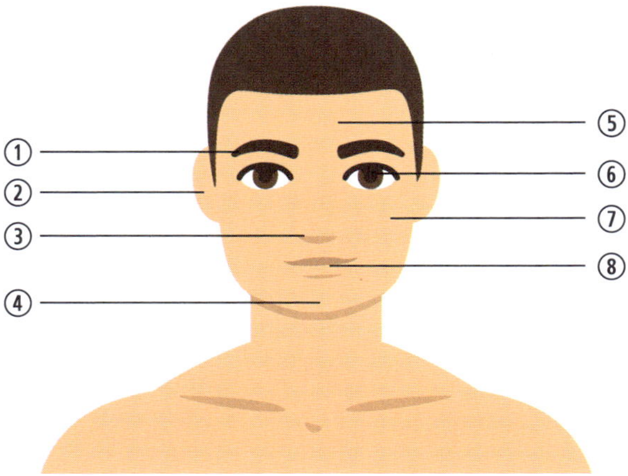

① la ceja	le sourcil	⑤ la frente	le front
② la oreja	l'oreille	⑥ el ojo	l'œil
③ la nariz	le nez	⑦ la mejilla	la joue
④ la barbilla	le menton	⑧ la boca	la bouche

À l'hôtel

Qu'est-ce qu'un hostal ?

Un hostal, c'est un hôtel mais en général à des prix plus abordables qu'un hotel.

Comment réserver une chambre dans un hôtel ?

¡Hablemos!

Réceptionniste	– Buenas tardes.
Alicia	– Buenas tardes, ¿cuánto cuesta una habitación para dos personas?
Réceptionniste	– Ochenta euros por noche.
Alicia	– Vale, muchas gracias.
Réceptionniste	– De nada. Adiós.
Alicia	– Adiós.

Alicia demande « combien coûte », cúanto cuesta, « une chambre », una habitación, « pour deux personnes », para dos personas. La réponse est ochenta euros, c'est-à-dire « quatre-vingts euros », por noche, « par nuit ».

À l'hôtel / En el hotel

- la recepción .... la réception
- registrarse .... se présenter à la réception
- habitaciones libres ..... chambres libres
- completo.............. complet
- la llave .... la clé
- la habitación sencilla... la chambre simple
- la habitación doble .... la chambre double
- la cama individual...... le lit pour une personne
- la cama de matrimonio . le lit pour deux personnes
- el cuarto de baño...... la salle de bains
- el aire acondicionado.. la climatisation

¿Media pensión o pensión completa?

¿El desayuno está incluido?

Le petit déjeuner est-il inclus ?

¿Hasta qué hora sirven la cena?

Jusqu'à quelle heure le dîner est-il servi ?

¿Me pueden despertar a las siete?

Pourriez-vous me réveiller à 7h ?

¿A qué hora hay que dejar la habitación?

À quelle heure faut-il quitter la chambre ?

Un faux numéro

¡Hablemos!

Olivier – Hola, ¿eres Alicia?
Femme – No. Se ha equivocado de número.
Olivier – Perdón, lo siento.
Femme – No pasa nada.

Equivocarse c'est « se tromper ». Se ha equivocado veut donc dire « vous vous êtes trompé(e) », « vous faites erreur ». « Pardon » se dit perdón. C'est pratiquement le même mot qu'en français. On peut continuer en disant lo siento, qui veut dire « je suis désolé(e) ». On pourrait traduire no pasa nada par « ce n'est rien », « je vous en prie ».

Une particularité de l'espagnol

En espagnol, le pronom personnel complément est parfois soudé à la fin du verbe. Ce phénomène s'appelle l'enclise et est obligatoire à l'infinitif, au gérondif et à l'impératif.
Equivocarse. Se tromper.
Está escuchándola. Il/elle est en train de l'écouter.
Llámame. Appelle-moi.

Laisser un message

¡Hablemos!

Répondeur – ¡Hola! Estás hablando con el contestador de Alicia. Déjame un mensaje y te llamo yo.

Olivier – Hola, Alicia. Me voy mañana a París y quería despedirme. Llámame.

La construction espagnole pour dire qu'on est en train de faire quelque chose rappelle celle de l'anglais *to be + -ing*, en espagnol estar + gérondif. Estás hablando veut donc dire « tu es en train de parler ». El contestador c'est « le répondeur ». Dejar veut dire « laisser », déjame un mensaje veut donc dire « laisse-moi un message ». Te llamo, c'est le verbe llamar, « je t'appelle». Me voy mañana se traduit par « je pars demain » et despedirse c'est « dire au revoir ».

Le verbe llamar (« appeler »)

llamo	j'appelle	llamamos	nous appelons
llamas	tu appelles	llamáis	vous appelez
llama	il/elle appelle, vous appelez (vouvoiement singulier)	llaman	ils/elles appellent, vous appelez (vouvoiement pluriel)

Les faux amis

Certains mots espagnols et français se ressemblent mais n'ont pas le même sens : ce sont ce que l'on appelle des faux amis ! Entender veut dire « comprendre », alors qu'« entendre » se dit oír.

Dans le cadre d'un voyage dans un pays hispanophone, on peut y être confronté dès l'arrivée à l'aéroport : el equipaje désigne « les bagages » (« l'équipage » = la tripulación). Si facturar veut dire « établir une facture », il signifie aussi « enregistrer » (les bagages...).

¡Hablemos!

Marta – Si vas a salir, ponte el abrigo para no constiparte.
Olivier – No comprendo.
Marta – ¿No me entiendes? Es para que no te pongas enfermo.

Marta dit à Olivier que s'il sort, il doit mettre un manteau pour ne pas s'enrhumer ! Puis elle essaye de lui expliquer : « Tu ne me comprends pas ? C'est pour que tu ne tombes pas malade ».

Falsos amigos

Les faux amis entre les deux langues sont nombreux, en voici quelques-uns :

- acostarse .... se coucher
- atender .... s'occuper de
- un bombón .... un chocolat
- los caramelos .... les bonbons
- una carta .... une lettre
- comprometerse .... s'engager
- constiparse .... s'enrhumer
- contestar .... répondre
- débil .... faible
- discutir .... se disputer
- la documentación .... les papiers d'identité
- enfermo(-a) .... malade
- entender .... comprendre
- fracasar .... échouer
- la habitación .... la chambre
- la mancha .... la tache
- la noticia .... la nouvelle
- partir .... diviser, couper
- la pimienta .... le poivre
- el pimiento .... le poivron
- el plato .... l'assiette
- quitar .... enlever
- restar .... soustraire
- salir .... sortir
- subir .... monter
- una tabla .... une planche
- usar .... utiliser

Dire au revoir

¡Hablemos!

Olivier	– Muchas gracias por vuestra simpatía y vuestra hospitalidad.
Alicia	– De nada. Vuelve cuando quieras.
Marta	– Te vamos a echar de menos. Cuídate.
Olivier	– ¡Hasta pronto!
Alicia et Marta	– ¡Buen viaje!

« Reviens quand tu veux » se dit vuelve cuando quieras en espagnol. Echar de menos c'est comme si on disait qu'on va *avoir quelqu'un en moins*, donc te vamos a echar de menos veut dire « tu vas nous manquer ». Pour dire « prends soin de toi », on dit cuídate. Hasta pronto c'est « à bientôt », mot à mot « *jusqu'à tôt* ». Il ne reste plus qu'à souhaiter « bon voyage ! », ¡buen viaje!

Qui embrasser ?

En Espagne, on se fait la bise entre hommes et femmes, et les femmes entre elles, mais entre hommes, seulement s'ils appartiennent à la même famille.

Taxi !

¡Hablemos!

Olivier – Busco una parada de taxis.
Passant – Al final de la calle, en la plaza.
Olivier – Gracias. Adiós.
Taxi – ¿Adónde va?
Olivier – Al aeropuerto, por favor.

« Je cherche » se dit busco, la parada veut dire « l'arrêt ». La calle c'est « la rue » et la plaza, « la place ». Le mot désignant « aéroport » est presque le même en espagnol qu'en français, aeropuerto.

Pour dire « au revoir », on dit en fait « adieu » : ¡Adiós!

¡Hasta siempre!

Pour prendre congé, vous pouvez dire :

hasta luego	à tout à l'heure
hasta la próxima	à la prochaine
hasta la vista	au revoir
hasta pronto	à bientôt

TESTEZ VOS CONNAISSANCES

Cochez la bonne réponse.

1. Quelle est la traduction correcte de : Hay una farmacia muy cerca.

❑ Il y a une pharmacie très près d'ici.
❑ Il y a une pharmacie très loin d'ici.

2. Quelle est la traduction correcte de : Aquí hay un supermercado.

❑ Ici, il y a un supermarché.
❑ Là-bas, il y a un supermarché.

3. Reliez chaque mot à sa traduction.

la cabeza •	• le cou
el brazo •	• l'épaule
el corazón •	• la tête
la pierna •	• le dos
la espalda •	• le ventre
la mano •	• la jambe
el vientre •	• le bras
el cuello •	• la main
el hombro •	• le cœur

4. Cochez la bonne traduction de ¡Hasta el viernes!

❑ À tout à l'heure ! ❑ À vendredi !

5. Cochez la bonne traduction de ¡Hasta mañana!

❑ À demain ! ❑ À demain matin !

TESTEZ VOS CONNAISSANCES

6. Cochez la bonne traduction de ¡Hasta luego!
- ❑ À plus tard !
- ❑ À lundi !

7. L'expression lo siento s'utilise pour...
- ❑ faire part d'une émotion
- ❑ dire qu'une odeur vous gêne
- ❑ s'excuser

8. Quelle expression a exactement le même sens que no entiendo ?
- ❑ no comprendo
- ❑ no lo sé
- ❑ no escucho bien

9. Comment dit-on « une table » en espagnol ?
- ❑ una tabla
- ❑ una mesa
- ❑ una plancha

10. Comment traduit-on : « J'ai mal à la tête » ?
- ❑ Tengo mala la cabeza.
- ❑ Me duele la cabeza.
- ❑ Estoy mal de la cabeza.

11. Que veut dire ceja ?
- ❑ oreille
- ❑ cil
- ❑ sourcil

TESTEZ VOS CONNAISSANCES

Cochez les mots qui complètent correctement les phrases.

12. ¿Cómo que no te gusta la sopa?
¡.......................!

- ❑ Te comes la
- ❑ Comes te la
- ❑ Cómetela

13. ¿Te gustan esas zapatillas? ¡ ....!

- ❑ Las compras
- ❑ Cómpratelas
- ❑ Compras las

14. No hagas ruido, que el niño está ....

- ❑ dormiendo
- ❑ duermiendo
- ❑ durmiendo

15. La película que estamos ....
la estrenaron la semana pasada.

- ❑ veído
- ❑ viendo
- ❑ vista

16. ¿A quién estás ....por teléfono?

- ❑ llamiando
- ❑ llamando
- ❑ llamado

TESTEZ VOS CONNAISSANCES

Complétez la traduction des phrases suivantes à l'aide des bons mots.

17. Tengo que ir al médico, estoy un poco constipado.
Je dois aller chez le médecin, je suis un peu ....
❑ constipé ❑ enrhumé

18. Sus argumentos para defenderse son un poco débiles.
Ses arguments pour se défendre sont un peu ....
❑ débiles ❑ faibles

19. No me gusta discutir con la gente.
Je n'aime pas .... avec les gens.
❑ me disputer ❑ discuter

20. He fabricado una mesa con una tabla de madera.
J'ai fabriqué .... avec .... en bois.
❑ une table / une planche
❑ une planche / une table

21. Los precios van a subir.
Les prix vont ....
❑ monter ❑ souffrir

22. Tienes las mejillas rojas.
Tu as les .... rouges.
❑ mains
❑ joues
❑ oreilles

SOLUCIONES

SOLUCIONES DE LOS EJERCICIOS

CORRIGÉS DES PAGES 20 à 23

1. ¡Buenas tardes! : de l'heure du déjeuner à la tombée du jour
2. On ne tutoie pas : une dame de 80 ans
3. también : aussi
4. muy : très
5. mucho : beaucoup
6. y : et
7. playa est féminin
8. Le pluriel du mot español : españoles
9. « Comment ça va ? » : ¿Qué tal?
10. Le contraire de mucho : poco
11. Para beber, agua con gas.
12. Pour présenter quelqu'un, on dira : Te presento a...
13. Si on vous demande ¿De dónde eres?, on veut savoir dans quelle ville ou dans quel pays vous vivez.
14. hablar : parler
15. « prénom » : nombre
16. « nom de famille » : apellido
17. Tengo **un** hijo y **una** hija.
18. Pásame **la** sal y **el** aceite para aliñar **los** tomates, por favor.
19. Últimamente hemos tenido **muchos** problemas.
20. En mi empresa hay una mujer **alemana** y un hombre **belga**.
21. Tengo un amigo **francés** y una amiga **francesa**.
22. ¿Quién es **usted**?
23. **Nosotros** somos venezolanos. ¿Y **vosotros**?
24. No hablo mucho español, solo un **poquito**.

CORRIGÉS DES PAGES 38 à 41

1. Pour remercier : gracias
2. Pour vous excuser : Lo siento.
3. Pour dire que vous ne comprenez pas : No entiendo.
4. Pour dire que quelque chose vous plaît : Me gusta mucho.
5. Por favor. → Gracias. → De nada.
6. Me gustan las tapas.
7. « Je veux » : Quiero.
8. pelo : cheveux
9. rizado : frisé
10. Yo **tengo** un dolor aquí.
    ¿**Tienen** ustedes reserva? /
    Olivier **tiene** 30 años.
11. ¿Prefieres carne **o** pescado?
12. El fin de semana comemos **más** tarde.
13. Tengo tanto dinero **como** tú.
14. Juegas al tenis tan mal como **yo**.
15. Ana es **tan** guapa como su madre.
16. Julia no es **tan** soñadora **como** su hermano.
17. Mi ordenador es **tan** potente **como** el tuyo.
18. Este sofá es **tan** original **como** cómodo.
19. No hay **tanta** publicidad **como** antes.
20. A mis amigos y a mí nos **gustan** muchísimo las películas de ciencia ficción.
21. Me gustan mucho **estos pantalones**.
22. ¡La cuenta, **por** favor!
23. Mi hijo tiene **dieciséis** años.

CORRIGÉS DES PAGES 64 à 67

1. La lettre ll se prononce comme le « ll » du mot français « famille ».
2. Le « b » et le « v » se prononcent de la même façon.
3. ¡Vale! : OK !
4. una tortilla : une omelette aux pommes de terre
5. On obtient le son jota en se raclant la gorge.
6. une omelette « nature » : una tortilla francesa
7. las olivas = las aceitunas
8. una caña : une pression
9. Les Espagnols dînent vers 21 heures.
10. « la glace » : el helado
11. Toilettes : Aseos
12. L'addition ! : ¡La cuenta!
13. **Soy** español, de Madrid, pero ahora **estoy** en Málaga.
14. **Soy** de Madrid, nací allí.
15. ¡**Estoy** cansado, **estoy** aburrido!
16. Mi hemana **es** muy pequeña.
17. Me parece que este pescado **está** malo.
18. Mi abuelo **es** un hombre generoso.
19. ¿Dónde **están** mis gafas?
20. **Son** exactamente las doce en punto.
21. Tengo colesterol, como **sin** mantequilla.
22. ¡**Hasta** luego!
23. ¿Dónde **hay** una farmacia?
24. ¿Veis **aquel** edificio al final de la calle? Pues es allí.
25. ¿Me puede enseñar **esa** camisa que está fuera en el escaparate?
26. En **esta** época del año vienen muchos turistas.

CORRIGÉS DES PAGES 92 à 95

1. Qu'est-ce que tu dis? Je ne **te comprends** pas bien.
2. bocadillo : sandwich
3. «J'ai soif » : Tengo sed.
4. « minuit » : medianoche
5. Son las seis y veinte. - Es la una y media.
6. « hier » : ayer
7. « aujourd'hui » : hoy
8. « demain » : mañana
9. falda : jupe
10. zapato : chaussure
11. camiseta : tee-shirt
12.

azul •	• orange
verde •	• noir
violeta •	• rouge
blanco •	• bleu
naranja •	• vert
negro •	• rose
amarillo •	• violet
rojo •	• blanc
rosa •	• jaune

13. DNI : Documento Nacional de Identidad
14. « signer » : firmar
15. « une boutique » : una tienda
16. « un distributeur de billets » : un cajero
17.

una panadería •	• flores y plantas
una pescadería •	• frutas y verduras
una floristería •	• medicamentos y productos de higiene
una carnicería •	• pan y dulces
una farmacia •	• carne y embutidos
una frutería y verdulería •	• pescado y mariscos

18. Una entrada, por favor.
19. ¿Cuántas paradas hay hasta el parque?
20. bajar : descendre
21. subir : monter
22. buscar : chercher

CORRIGÉS DES PAGES 110 à 113

1. Il y a une pharmacie très près d'ici.

2. Ici, il y a un supermarché.

3.

la cabeza •	• le cou
el brazo •	• l'épaule
el corazón •	• la tête
la pierna •	• le dos
la espalda •	• le ventre
la mano •	• la jambe
el vientre •	• le bras
el cuello •	• la main
el hombro •	• le cœur

4. ¡Hasta el viernes! : À vendredi !

5. ¡Hasta mañana! : À demain !

6. ¡Hasta luego! : À plus tard !

7. Lo siento s'utilise pour s'excuser.

8. no entiendo = no comprendo

9. « une table » : una mesa

10. « J'ai mal à la tête » : Me duele la cabeza.

11. ceja : sourcil

12. ¿Cómo que no te gusta la sopa? ¡**Cómetela**!

13. ¿Te gustan esas zapatillas? ¡**Cómpratelas**!

14. No hagas ruido, que el niño está **durmiendo**.

15. La película que estamos **viendo** la estrenaron la semana pasada.

16. ¿A quién estás **llamando** por teléfono?

17. Je dois aller chez le médecin, je suis un peu **enrhumé**.

18. Ses arguments pour se défendre sont un peu **faibles**.

19. Je n'aime pas **me disputer** avec les gens.

20. J'ai fabriqué **une table** avec **une planche** en bois.

21. Les prix vont **monter**.

22. Tu as les **joues** rouges.

MODELOS DE CONJUGACIÓN

MODELOS DE CONJUGACIÓN

Verbes réguliers

	Infinitif Gérondif Participe passé	Présent de l'indicatif	Impératif	Présent du subjonctif	Imparfait de l'indicatif	Passé simple	Futur de l'indicatif
Verbes en -AR	cantar *(chanter)* cantando cantado	canto cantas canta cantamos cantáis cantan	canta cante cantemos cantad canten	cante cantes cante cantemos cantéis canten	cantaba cantabas cantaba cantábamos cantabais cantaban	canté cantaste cantó cantamos cantasteis cantaron	cantaré cantarás cantará cantaremos cantaréis cantarán
Verbes en -ER	comer *(manger)* comiendo comido	como comes come comemos coméis comen	come coma comamos comed coman	comas coma coma comamos comáis coman	comía comías comía comíamos comíais comía	comí comiste comió comimos comisteis comieron	comeré comerás comerá comeremos comeréis comerán
Verbes en -IR	vivir *(vivre)* viviendo vivido	vivo vives vive vivimos vivís viven	vive viva vivamos vivid vivan	viva vivas viva vivamos viváis vivan	vivía vivías vivía vivíamos vivíais vivían	viví viviste vivió vivimos vivisteis vivieron	viviré vivirás vivirá viviremos viviréis vivirán

Verbes à diphtongue

e → ie perder *(perdre)* perdiendo perdido	pierdo pierdes pierde perdemos perdéis pierden	pierde pierda perdamos perded pierdan	pierda pierdas pierda perdamos perdáis pierdan	perdía perdías perdía perdíamos perdíais perdían	perdí perdiste perdió perdimos perdisteis perdieron	perderé perderás perderá perderemos perderéis perderán
o/u → ue contar *(compter)* contando contado	cuento cuentas cuenta contamos contáis cuentan	cuenta cuente contemos contad cuenten	cuente cuentes cuente contemos contéis cuenten	contaba contabas contaba contábamos contabais contaban	conté contaste contó contamos contasteis contaron	contaré contarás contará conteremos contaréis contarán

Verbes à affaiblissement

e → ie pedir *(demander)* pidiendo pedido	pido pides pide pedimos pedís piden	pide pida pidamos pedid pidan	pida pidas pida pidamos pidáis pidan	pedía pedías pedía pedíamos pedíais pedían	pedí pediste pidió pedimos pedisteis pidieron	pediré pedirás pedirá pediremos pediréis pedirán

Verbes à alternance

Infinitif Gérondif Participe passé	Présent de l'indicatif	Impératif	Présent du subjonctif	Imparfait de l'indicatif	Passé simple	Futur de l'indicatif
e → ie/ i **sentir** *(sentir)* sintiendo sentido	siento sientes siente sentimos sentís sienten	 siente sienta sintamos sentid sientan	sienta sientas sienta sintamos sintáis sientan	sentía sentías sentía sentíamos sentíais sentían	sentí sentiste sintió sentimos sentisteis sintieron	sentiré sentirás sentirá sentiremos sentiréis sentirán
o → ue/ u **dormir** *(dormir)* durmiendo dormido	duermo duermes duerme dormimos dormís duermen	 duerme duerma durmamos dormid duerman	duerma duermas duerma durmamos durmáis duerman	dormía dormías dormía dormíamos dormíais dormían	dormí dormiste durmió dormimos dormisteis durmieron	dormiré dormirás dormirá dormiremos dormiréis dormirán

Verbes en -acer, -ecer, -ocer, -ucir

c → cz **conocer** *(connaître)* conociendo conocido	conozco conoces conoce conocemos conocéis conocen	 conoce conozca conozcamos conoced conozcan	conozca conozcas conozca conozcamos conozcáis conozcan	conocía conocías conocía conocíamos conocíais conocían	conocí conociste conoció conocimos conocisteis conocieron	conoceré conocerás conocerá conoceremos conoceréis conocerán

Verbes en -ducir

c → cz c → j **conducir** *(conduire)* conduciendo conducido	conduzco conduces conduce conducimos conducís conducen	 conduce conduzca conduzcamos conducid conduzcan	conduzca conduzcas conduzca conduzcamos conduzcáis conduzcan	conducía conducías conducía conducíamos conducíais conducían	conduje condujiste condujo condujimos condujisteis condujeron	conduciré conducirás conducirá conduciremos conduciréis conducirán

Verbes en -uir

i → y **construir** *(construire)* construyendo construído	construyo construyes construye construimos construís construyen	 construye construya construyamos construid construyan	construya construyas construya construyamos construyáis construyan	construía construías construía construíamos construíais construían	construí construiste construyó construimos construisteis contruyeron	construiré construirás construirá construiremos construiréis construirán

Principaux verbes irréguliers

Infinitif Gérondif Participe passé	Présent de l'indicatif	Impératif	Présent du subjonctif	Imparfait de l'indicatif	Passé simple	Futur de l'indicatif
andar *(marcher)* andando andado	ando andas anda andamos andáis andan	anda ande andemos andad anden	ande andes ande andemos andéis anden	andaba andabas andaba andábamos andabais andaban	anduve anduviste anduvo anduvimos anduvisteis anduvieron	andaré andarás andará andaremos andaréis andarán
caer *(tomber)* cayendo caído	caigo caes cae caemos caéis caen	cae caiga caigamos caed caigan	caiga caigas caiga caigamos caigáis caigan	caía caías caía caíamos caíais caían	caí caíste cayó caímos caísteis cayeron	caeré caerás caerá caeremos caeréis caerán
dar *(donner)* dando dado	doy das da damos dais dan	da dé demos dad den	dé des dé demos deis den	daba dabas daba dábamos dabais daban	di diste dio dimos disteis dieron	daré darás dará daremos daréis darán
decir *(donner)* diciendo dicho	digo dices dice decimos decís dicen	di diga digamos decid digan	diga digas diga digamos digáis digan	decía decías decía decíamos decíais decían	dije dijiste dijo dijimos dijisteis dijeron	diré dirás dirá diremos diréis dirán
estar *(être)* estando estado	estoy estás está estamos estáis están	está esté estemos estad estén	esté estés esté estemos estéis estén	estaba estabas estaba estábamos estabais estaban	estuve estuviste estuvo estuvimos estuvisteis estuvieron	estaré estarás estará estaremos estaréis estarán
haber *(avoir)* habiendo habido	he has ha (hay) hemos habéis han	he haya hayamos habed hayan	haya hayas haya hayamos hayáis hayan	había habías había habíamos habíais habían	hube hubiste hubo hubimos hubisteis hubieron	habré habrás habrá habremos habréis habrán
hacer *(faire)* haciendo hecho	hago haces hace hacemos hacéis hacen	haz haga hagamos haced hagan	haga hagas haga hagamos hagáis hagan	hacía hacías hacía hacíamos hacíais hacían	hice hiciste hizo hicimos hicisteis hicieron	haré harás hará haremos haréis harán
ir *(aller)* yendo ido	voy vas va vamos vais van	ve vaya vayamos id vayan	vaya vayas vaya vayamos vayáis vayan	iba ibas iba íbamos ibais iban	fui fuiste fue fuimos fuisteis fueron	iré irás irá iremos iréis irán

Infinitif Gérondif Participe passé	Présent de l'indicatif	Impératif	Présent du subjonctif	Imparfait de l'indicatif	Passé simple	Futur de l'indicatif
oír *(entendre)* oyendo oído	oigo oyes oye oímos oís oyen	oye oiga oigamos oíd oigan	oiga oigas oiga oigamos oigáis oigan	oía oías oía oíamos oíais oían	oí oiste oyó oímos oísteis oyeron	oiré oirás oirá oiremos oiréis oirán
poder *(pouvoir)* pudiendo podido	puedo puedes puede podemos podéis pueden	puede pueda podamos poded puedan	pueda puedas pueda podamos podáis puedan	podía podías podía podíamos podíais podían	pude pudiste pudo pudimos pudisteis pudieron	podré podrás podrá podremos podréis podrán
poner *(mettre)* poniendo puesto	pongo pones pone ponemos ponéis ponen	pon ponga pongamos poned pongan	ponga pongas ponga pongamos pongáis pongan	ponía ponías ponía poníamos poníais ponían	puse pusiste puso pusimos pusisteis pusieron	pondré pondrás pondrá pondremos pondréis pondrán
querer *(aimer, vouloir)* queriendo querido	quiero quieres quiere queremos queréis quieren	quiere quiera queramos quered quieran	quiera quieras quiera queramos queráis quieran	quería querías quería queríamos queríais querían	quise quisiste quiso quisimos quisisteis quisieron	querré querrás querrá querremos querréis querrán
saber *(savoir)* sabiendo sabido	sé sabes sabe sabemos sabéis saben	sabe sepa sepamos sabed sepan	sepa sepas sepa sepamos sepáis sepan	sabía sabías sabía sabíamos sabíais sabían	supe supiste supo supimos supisteis supieron	sabré sabrás sabrá sabremos sabréis sabrán
salir *(sortir)* saliendo salido	salgo sales sale salimos salís salen	sal salga salgamos salid salgan	salga salgas salga salgamos salgáis salgan	salía salías salía salíamos salíais salían	salí saliste salió salimos salisteis salieron	saldré saldrás saldrá saldremos saldréis saldrán
ser *(être)* siendo sido	soy eres es somos sois son	sé sea seamos sed sean	sea seas sea seamos seáis sean	era eras era éramos erais eran	fui fuiste fue fuimos fuisteis fueron	seré serás será seremos seréis serán

Infinitif Gérondif Participe passé	Présent de l'indicatif	Impératif	Présent du subjonctif	Imparfait de l'indicatif	Passé simple	Futur de l'indicatif
tener ***(avoir)*** teniendo tenido	tengo tienes tiene tenemos tenéis tienen	 ten tenga tengamos tened tengan	tenga tengas tenga tengamos tengáis tengan	tenía tenías tenía teníamos teníais tenían	tuve tuviste tuvo tuvimos tuvisteis tuvieron	tendré tendrás tendrá tendremos tendréis tendrán
traer ***(apporter)*** trayendo traído	traigo traes trae traemos traéis traen	 trae traiga traigamos traed traigan	traiga traigas traiga traigamos traigáis traigan	traía traías traía traíamos traíais traían	traje trajiste trajo trajimos trajisteis trajeron	traeré traerás traerá traeremos traeréis traerán
venir ***(venir)*** viniendo venido	vengo vienes viene venimos venís vienen	 ven venga vengamos venid vengan	venga vengas venga vengamos vengáis vengan	venía venías venía veníamos veníais venían	vine viniste vino vinimos vinisteis vinieron	vendré vendrás vendrá vendremos vendréis vendrán
ver ***(voir)*** viendo visto	veo ves ve vemos veis ven	 ve vea veamos ved vean	vea veas vea veamos veáis vean	veía veías veía veíamos veíais veían	vi viste vio vimos visteis vieron	veré verás verá veremos veréis verán

Pour s'entraîner à l'oral !

400 phrases clés au format MP3 à télécharger sur :

https//www.editions-larousse.fr/debutez-espagnol-5-minutes

Crédits photographiques :
Adobe Stock.com – Shutterstock.com

PAPIER À BASE DE FIBRES CERTIFIÉES

HARRAP s'engage pour l'environnement en réduisant l'empreinte carbone de ses livres. Celle de cet exemplaire est de :
450 g éq. CO_2
Rendez-vous sur www.larousse-durable.fr

Imprimé en Espagne par Macrolibros SL
Dépôt légal – mars 2021 – 327772/01
N° de projet : 11046215 – mars 2021